名家悦读本系列

古玉辨

刘大同 著　余光仁 评注

上海人民美术出版社

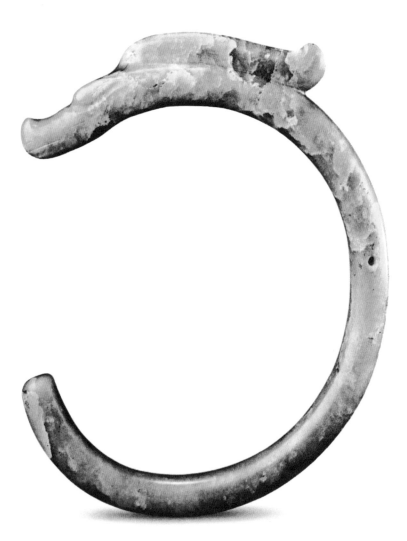

玉C形龙　红山文化

导　言

　　刘大同先生的《古玉辨》是一部近代古玉辨析的重要典籍。百余年来一直是中国玉界圭臬之作。至今为世界、中国玉器研究界和美学界所推崇。这本书对中国古玉的由来、发现、工艺、用途、种类、赏析诸方面做了详实的著述。出于历史的局限（近现代考古新成就和科学技术新成果的缺失），这部玉书在某些方面尚有完善之、补析之必要。尽管如此，并不影响其在中国古玉史上的作用和地位。站在巨人和大师的肩膀上前行，是我们的责任。

　　上海人民美术出版社决定出版《古玉辨》这本经典玉书，约请专家学者参加评注，并结合考古的最新成果以及国内外民间收藏现状，整理前人著述，融汇古玉界各学派意见，对这本书进行综合评注拾遗补缺，同时，配以大量高清图片。这本书的问世出版，将对国内外正在兴勃的中国古玉热起到催化作用。

古玉的历史

刘大同先生《古玉辨》开篇明义"伏思吾国文艺之开化，以玉为最古，其他皆在其后"。

中国是琢玉、赏玉、藏玉、用玉的最早的民族。玉在中华民族数千年文明历史中留下的印迹实在太深、太广，后人不可不重视。

东汉袁康《越绝书》中记载"至黄帝之时，以玉为兵，以伐树木为宫室"。战国时期学者就提出，兵器材质的演变过程分四个时期，为石兵—玉兵—铜兵—铁兵。首次在铜与石之间划出一个"玉"的时代。这标志着人类社会文明进入了一个独特的，以玉为生产资料的阶段，不少学者认为"可能"存在一个"玉器文化时代"。

近代地质学家章鸿钊在《石雅》一书中也写到"夫玉之为物虽微，使能即而祥焉，则凡民族之所往反，与文化之所逆嬗，将皆得于是征之"。意思是说，玉器虽小，但它对了解、印证民族的历史、文化的进步都有很大的作用。

第一，古玉是中国文化最古老的鉴证。自新石器时期始，先民怀着对天，对神灵的崇拜，希望通过玉和天、地沟通。对上天的恐惧、恭敬、祈盼、倾诉、慰藉等情绪都是通过玉来实现。所谓"苍璧礼天，黄琮礼地，青圭礼东，白琥礼西，赤璋礼南，玄璜礼北"，即是先民的玉情结。

第二，玉是封建王权的标志。天子的神圣不可侵犯，是通过玉来实现的。

皇帝的"龙椅"是玉椅；

皇帝的"眠床"是玉床；

皇帝的权柄标志是玉玺；

皇帝昭示天下的文书圣旨也以玉为柄。

玉牙璋 商
中国社会科学院考古研究所藏

鸟纹玉璜 西周
中国社会科学院考古研究所藏

玉兽面纹璜及拓片 战国

第三，古玉是儒家礼学精神的标志物。

儒家礼教的传承、布达，无不通过玉器来体现。儒生士大夫们终生信奉"君子比德于玉"和"玉有六德、八德"，儒家把玉器人格化，使之成为封建社会最神圣的"君子"，故而君子玉不离身。

第四，玉为兵器，自夏、商、周始，玉戈玉戚玉簇等玉器，不仅有兵器的功能而且还有其他的功能。

比如仪仗作用。夏商周时期，随着青铜戈的出现，玉戈已不是使用兵器，而是一种体现神权、王权威仪的器具。自国家出现后，国家的头等大事不外有二，一是战争，二

槽纹玉圭　商

中国社会科学院考古研究所藏

是祭祀。商周时期，战争已规范化和规模化。战争离不开兵器，军令和军威，这些玉戈、玉戚由武器变成最神圣的宣示战争，发号施令的权杖器具。史载周武王伐纣，牧野誓师时"左杖黄钺，右秉白旄"；纣王战败，以玉裹身，自焚而亡；后，武王用玉制"黄钺斩纣头"；商王武丁之妻妇好墓中随葬玉戈就有39件；在上世纪70年代宝鸡出土发现虞国国君墓中也有很多的玉戈类兵器。由此可见，玉在上古时代所起的社会功能作用，是其他任何器物都无法取代的。既然玉器在几千年华夏历史中有如此重要之地位，那么，要认识它，了解它，体现它，鉴别它，自是不言而喻了。

刘大同先生这样表述他的著书目的。他说"宋元时代，诸多玉书，皆恐后人不知道古玉之名称，作何使用，为考古也"。"吾作《古玉辨》者，是恐人不能辨古玉之真赝，为存古也"。

上述文字显见，刘先生写书的目的是"鉴玉存古"辨真伪，他愿把六十余年把玩佩带古玉之经验"约略纪之，质诸同好以供研究"。

翡翠白菜 清 台北"故宫博物院"藏

古玉鉴定分两大学派

　　鉴定，这是古玉大课题中关键的一课。把数千年来萃于宫廷，散于民间，出土于地下的古代玉器物进行真伪判定的过程。这个过程一直存在着两个学派，一为"望气派"，是以鉴者的感觉，经验为判定真假依据。另一派是"对比派"，是以考古资料和馆藏品（国有）为标准，实物比照判定真伪。长期以来，两派各执一词，纷争不已。前者称"眼学"，全凭世代传承，主观经验感觉而定，结论虽有明快，但较缺少数据理论，缺乏科学论证支持。后者以实物一对一比对，印证为据。机械刻板，凡没有考古结论支持，非国有博物馆藏品，一律排除在真品以外。如此，难免不少优秀古代珍品（真品）被"枪毙"。更有甚者，一些国内不认的古玉非法流入海外。由上所述，两派观点虽各有道理，但又都不够全面。笔者以为，古玉鉴定的目标，不仅仅是判真伪，更重要的是把古玉，回到它真正所处的时代，将它还原为研究这一时代（政、经、文、社会、军事）的实物资料。做到这些，古玉鉴定问题自然迎刃而解。所以，树立完整的古玉器学观点，是玉界当务之急。吸收两个学派的各自优点，针对古玉器实物，通过对其文化背景，玉材—器型—纹饰—工艺—自然历史痕迹等方面的综合分析研究，还原古玉器原貌，这显然是古玉鉴定中唯一可行的科学方法。

刘大同先生在《古玉辨》书中有40余次提及列举他和友人60年私人所藏珍贵玉器。显然，他已将60多年"望气"学，结合考古结果融为一体，所获的古玉鉴定经验用于其中，并获得各路藏家、玩家、赏家、鉴家的认同。同时，也获得全球各大博物馆的认同。这即是刘先生科学经验鉴定古玉的成功案例，《古玉辨》早已成为各大博物馆和科研院所专业机构的必读专著。

古玉鉴定的难点和重点

古玉鉴定的难点和重点在哪里？一言以蔽之，"制玉工艺"。制玉工艺涉及面广，技术性强，几千年来制玉工艺资料少之又少，即使现存的典籍，也多语焉不详。而制玉工艺的核心是"制玉工具"，关于这一焦点更是鲜有人详述。"工欲善其事，必先利其器"。人类社会生产力的飞跃，其实都是以生产工具的发展为先导。古玉制作也不例外，每次玉雕工艺高潮的出现，都伴随着制玉工具的发展。古玉行内有"三分手艺，七分工具"之说。《诗经·鹤鸣》中说"它山之石，可以攻玉"，"它山之石，可以为错"（错，砺石也）。《诗经·国风·卫》中说"如切如瑳，如琢如磨"，"琢磨"二字讲的是古玉制作，非刀削，非刻划，而是石的琢和磨，它含两层意义：一是制玉之工具是石头、石砣、石刀、石钻、磨石等；二是"解玉砂"是比石比玉更硬的石英砂粒。清代文献记录过制玉所需解玉

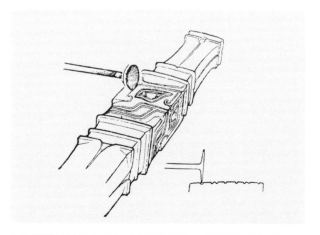

琢玉时砣子的使用方法

跽坐几式砣机示意图

砂是：石英砂、红石砂、石榴籽石砂、宝石砂、金刚砂等。

　　制玉工具的进步，最重要体现在砣机的出现。杨伯达先生把制玉砣机分为五代，第一代，史前砣机。在红山文化、凌家滩文化已开始使用砣机；第二代，几式砣机。夏、商、周三代使用，是青铜砣头，操作渐趋成熟；第三代，仍是几式砣机，砣头为铁制，秦汉六朝使用；第四代，高桌式砣机。铁砣头，注水，人足踏旋转，也称"水橙"，使用时间隋、唐至民国；第五代，现代砣机。砣机改为铁机，由足橙改为电动，砣头为人工金砂胶的胶碗，用自流水冷却和琢磨。

捣沙研浆图

各种质料解玉砂

古玉工艺

　　一件古代艺术品的问世，往往是通过古代工匠的工艺再创造而实现。明代工艺大师宋应星所言"天工开物"，"天"指上天和大自然赐予人类资源，如玉石、金、银、铜等，"工"指人类的工艺技艺。唯有"天"与"工"的完美结合，才能达到"开物"的目标，即把资源变为工艺品，为人享用。所以研究古代玉器必须研究古代工艺，要吃透八千年以来制玉工艺的全部内容，难乎哉！我们至少要做到"窥一斑而知全豹"，要窥"全豹"，必须抓住八千年玉器工艺史的"牛鼻子"，即"转折期"的工艺形态。这个"转折期"即是从新石器时代至殷商、西周时期。杨伯达认为，它是中国古代制玉工艺从制石工艺中彻底分化出来的，是重要转折时期。

玉熊　商　东方收藏馆藏

玉鹿　商　东方收藏馆藏

玉象 商 东方收藏馆藏

这个"转折期"工艺，有如此重大意义：

承上启下，上承石器时代，下接殷商时代；

生产力从石器时代转入青铜时代；

社会形态由原始社会转入阶级社会；

这个时期制玉工艺登峰造极，从选料、造型、切制、勾线、浮雕、钻孔、掏膛、抛光、做练等方面，一直影响其后数千年的玉器制造工艺技术，某些方面的技艺时至今日仍在沿用。

商周时期，由于铜制工具的应用，使各种制玉技术手段得到有效的提高，如：切、磨、刻、碾、勾、彻，如虎添翼，制作出的器物变得更加精美，整体工效也大为提高。

这个时期玉材的切割，仍有"片切"、"线切"和"砣切"三种。但"线切"工艺大为减少，而金属"片切"，金属"砣切"已成为主体工艺，大大提高了制玉工效。最明显的标志是这时期出现了"成型对折"和"对开成型"两种工艺。前者是一件玉器外型做好后，用金属切片将其一切为二，工效翻番；后者是玉毛胚用金属切片一分为二，再分别对这两个毛胚深度加工，外形相似，细部不尽相同。

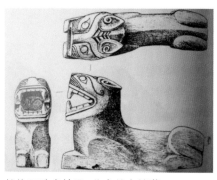

蛇纹石卧虎绘图　北京故宫馆藏

西周玉凤形佩

　　"钻孔"是制玉的难点，殷商西周时期，制玉金属工具的使用，使得玉件管钻技巧水平大为提高，可以在十几公分长的细圆柱玉材上打孔、钻管，管壁较前通直。不仅如此，此时这一技术还用于雕刻、镂空、去料、掏膛工艺中。细看这一时期的　钻孔，无论是直打孔、侧孔、边孔，多可见外大内小的"牛鼻孔"、"漏斗孔"。孔内也可见到不规则的螺旋纹，这种螺痕往往不是360°封闭圆圈。我们在不少商周期的玉器中，尤其在张口动物的嘴内，都可见到管钻工艺的残留痕。

　　从这一时期的琢砣工艺特点看，殷商时期生动、刚劲而简洁，尤其转弯曲线特点鲜明，体现在猛兽和人物、神像的五官线条上，生动、精彩，包括阴刻线、双阴挤阳线、阳线浮雕纹的体现都是使用金属圆砣具的结果。

　　这里要细说的一点，就是商器中最常见的几何纹、转弯纹、圆形纹（动物眼睛，人物臣字眼）在琢磨时，往往会出现"毛道""过刀痕""圆形切线痕"。另外，曲线分段完成，缺少线条连贯性现象。这些不足，也恰是商玉器的特色。

玉虎 西周 东方收藏馆藏

跪俑 商 东方收藏馆藏

西周的工艺有什么特点呢?

最常见的最基本的刀法是"大斜刀",也称"一面坡"。它使用梯形的轧砣,用砣具斜面碾轧而成。这是金属砣具的创新所带来的工艺发展。"大斜刀"工艺,直接的艺术效果是纹饰的相邻面和直面抛光后,在光折射下,相互辉映,加大了雕件的立体感。曲转线条也更加流畅、生动、飘逸。这种风格特点与商玉的刚劲、大气、简洁线条的风格,相近、相别而又互补。使得殷商、两周时期的玉器制造业成为中国古玉业的巅峰时期。

玉鹿 西周 东方收藏馆藏

商周时期古玉器几种主要工艺（刀法）

1."双阴挤阳"，也称"双勾为阳"，是夏商周时期流行的纹饰。先砣两条紧邻的阴刻线，把中间的阳线突出，不"减地"，也不"浮雕"，但在视觉上阳线高于玉面。

神人玉面 商
东方收藏馆藏

玉鹰形璜 汉 西安文物管理会藏

2. **"减地起阳"工艺。**沿纹样两侧边缘刻出阴线，再用"减地法"将阴线一侧部分磨低（平），从而使两阴线所夹的阳线加宽、突出，表现阳线的浮雕效果，使之颇具青铜器纹饰的方硬、刚劲之风格。

玉兽面 商 中国社会科学院考古研究所藏

3. **几何纹。**商代玉器多见三角、不规则、方形、平行四边形等。

玉龙 战国 东方收藏馆藏

4. **连弧纹。** 殷商、西周玉器，常见双连弧和双箭簇纹。此纹多用于动物、人身和器物外表，这是使用小型匀砣制成的。

5. **盾牌纹。** 盾牌纹也称重环纹，双阴线雕形如盾牌。两个到三个的倒梯形（盾牌形环）相套而成，常见于动物身上的装饰。

玉器盾牌纹 商

6.鱼鳞纹。鱼鳞纹是殷商时期的常见玉饰样,形似鱼鳞,常见禽鸟颈脖部,饰鱼鳞和羽毛。

玉鹅 商 妇好墓出土

7.凤纹。凤纹是殷商时期的玉器最常见装饰纹,有"上命玄鸟,降而生商"之传说。鸟纹(凤纹)成为这个时期的青铜器、玉器、瓷器之多见纹饰。凤鸟有多种,最尊贵的为妇好墓出土的玉凤鸟,高冠、拖尾、尖喙、长足,写实与夸张相结合。商晚期,多种鸟(凤)纹出现,西周时期凤鸟多圆眼、勾喙,造型多于写实。

玉凤鸟 西周 东方收藏馆藏

双鸟纹玉佩 商 东方收藏馆藏

8. **臣字眼。** 臣字眼是殷商、西周时期人物、动物基本眼纹，以砣具双阴挤阳眼眶呈豆荚状，中心置双阴线圆圈，形似"臣"字，又像豆荚，故臣字眼也称豆荚眼，这一纹饰是鉴定殷商玉器极为重要的纹饰，不可忽略。

玉器臣字眼 商 妇好墓出土

玉龙 商 妇好墓出土

9. **直线纹、菱格纹、云纹。**这些纹饰也是殷商玉器多见纹线。

玉龟 六朝 东方收藏馆藏

煤精石跪俑 商 东方收藏馆藏

10. **浮雕工艺。**殷商时期浮雕工艺是在红山文化玉器的减地"堆"法的基础工法上发展出的工艺。妇好墓中的玉鞢，属高浮雕，江西新干大洋州商代遗址的高浮雕玉鞢都属此类工法。此类工法难度大，有强烈的青铜器纹饰风格，但此类所见甚少。

玉像俑　西周　东方收藏馆藏

玉鞢　西周　东方收藏馆藏

11. **圆雕**。殷商、西周时期以人物、动物圆雕居多，小器居多，纹饰极简，少有繁，有强烈的立体感，多为光素无纹，也有双阴线、阳线，比起片状雕件，工艺水平高很多。如妇好墓中的跪俑、动物雕即是此类器物。

玉兔　西周　东方收藏馆藏

玉瑞兽　六朝　东方收藏馆藏

玉人俑　商　东方收藏馆藏

玉人俑　商　东方收藏馆藏

玉人俑　商　东方收藏馆藏

玉马　宋　东方收藏馆藏

玉人俑　商　东方收藏馆藏

玉螳螂　西周　东方收藏馆藏

12. **镂空工艺。**殷商、西周时期镂空工艺，是以"弓弦镂空"为主，以竹制弓，以铜丝作弦，先打孔，将铜丝弦穿入孔内，将解玉砂粘于弦上来回磨擦，将弯曲的孔眼放大，俗称"拉丝而成"，金属丝拉动方向与玉件呈90°直角，所镂玉件显得棱角分明。

镂空出廓玉玺　战国　东方收藏馆藏

透雕玉龙版　　春秋　东方收藏馆藏

13. 镶嵌工艺和铜内玉器工艺。这种工艺多以绿松石与青铜器结合，也有玉与绿松石结合的制品。

玉镶嵌铜内玉戈　商　妇好墓出土

14. 铜内玉兵器制作工艺。这种工艺是商周时期把金属与非金属结合铸造的技术，是中国铸造史上的奇迹。方法是铸铜时，把玉件也包在一起铸造，但必须防止玉在铜水入模时遇热炸裂，所以灌铸前要把玉件"预热"。

玉援铜内玉戈　商　河南新郑县文管所藏

15. **掏膛工艺。** 掏膛工艺在殷商时期是一件难度高，工艺复杂的大活计，要求选料好，无裂少杂，玉料软硬度适当。工艺复杂，程序多，技术性强，是琢玉工艺的集大成。掏膛用管钻去料，用解玉砂磨膛，最后打磨，抛光而成。

掏膛玉调色器　商　东方收藏馆藏

16. **活练工艺。** 活练工艺是古玉器制作工艺中至难的工艺，迄今只有江西新干大洋洲和四川金沙遗址出土过此类玉雕作品。其技术难度在于，在整块玉料中活环采用掏雕技术，"环环相扣，各自独立"，这种工艺技术在殷商时期极少见，直到战国曾候乙墓中，又见芳踪。这种工艺在三千年前是极为复杂的工艺，制成品也极为稀少，即在当代也非一般玉工所能为，这种活练工艺的发明是制玉史上的创新。

彩色羽神　商晚期　江西省博物馆藏

神人玉雕　龙山文化　东方收藏馆藏

刘大同先生关于古玉刀工的看法很有见地，他把此时工艺分为五个时期。

1. 上古时期即石器时期；

2. 夏商周时期；

3. 秦汉时期；

4. 六朝时期；

5. 明清时期（以乾隆工为代表）。

玉覆斗形印 秦
西安市文物管理委员会藏

玉马 宋
西安市文物管理委员会藏

玉鏊 春秋
西安市文物管理委员会藏

玉雕笔筒　清

西安市文物管理委员会藏

玉带銙　唐

西安市文物管理委员会藏

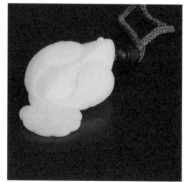

白玉海冬青　辽　东方收藏馆藏

各代刀工的特色如下。

石器时期。刘大同先生认为，"上古时期玉无刀工"，这个观点现在看来是错误的。新旧石器时期，所不同点是"打击"和"打磨"之分。后者不仅有磨，还有刀工。如红山文化之玉器，神、兽、鸟禽，刀法奇巧，简洁大气，极富有想象力，抛光、打磨别有特色。

"良渚文化"纹饰之细腻、精美，前无古人后无来者，细如毫发的雕工，神工难追。当然，良渚工匠当时用何种工具所雕，至今莫衷一是。"龙山文化"的神人玉雕（减地堆阳）工艺及设计者奇思妙想，可追商周。

玉猪龙 红山文化

玉鱼佩 良渚文化 东方收藏馆藏　　玉貘 新石器时期 东方收藏馆藏

玉神人首 龙山文化 东方收藏馆藏

所以说，刘大同先生所说"石器时代原无刀工"一说是不对的，予以纠正。

"夏尚忠"。意思是夏朝，以二里头文化玉雕为代表的玉雕风格，精细而深刻。

神人玉雕件 龙山文化 东方收藏馆藏

"商尚质"。商代玉雕工艺质朴，刀工犀利，硬拔简洁。

玉龙　商
东方收藏馆藏

玉鸟　商
东方收藏馆藏

玉牛首　商
东方收藏馆藏

"周尚文"。周代玉雕秀雅明快，美不胜收。以"大斜刀""一面坡"刀法见长。

玉兔　西周　东方收藏馆藏

"**汉晋**"。汉工豪放，六朝巧雕，以"汉八刀""游丝毛雕"为代表。

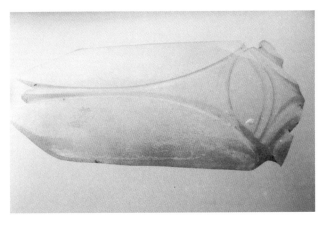

八刀玉蝉　汉　西安市文物管理委员会藏

玉舞人　战国　西安市文物管理委员会藏

"隋唐五代"。以圆雕为主，但佳品甚少。

"宋元明清"。刘大同对此时期玉雕工艺颇有微词，他认为此期玉雕"纯属匠作"，"非文化人所为，不足道哉"。当然，刘先生唯一夸奖的是"乾隆工"，"刀法之精，可追六朝"。

玉人物雕　唐

玉琮（右）　六朝
玉瑞兽（左）　六朝

上述评述，仅大同先生一家之言，"尽信书不如无书"。后人不必以一家之言而概全，厚古而薄今，文化是传承的，玉雕也不列外，各个时期的玉器各有千秋，不可因古废今，融古而贯今，方是正确。

谈到古玉的"刀法"（刀具）有两个概念需讨论。

一是"**昆吾刀**"。自古被奉为"削玉如泥"的"昆吾刀"，究竟是何方神圣呢？所谓"昆吾刀"，是用昆吾山石，冶炼出的赤铜刀具。《山海经·中山经》中记载："伊水西二百里，有昆吾之山，多赤铜"，"此山出名铜，色赤如火，以之作刀，切玉如泥也"。（晋·郭璞书），又有《海内十洲记·凤麟洲》一书记载："昔周穆王时，西胡献昆吾切玉刀"。由此可见，"昆吾刀"是古代一种锋利尖锐的琢玉之器。至于操此刀的具体工艺，则是另外的概念了。

三代（夏商周）古玉刀法之精彩，应当得力于"昆吾刀"的使用，但它与金属砣具的关系是什么？昆吾刀？何时失传？至今仍然是个谜。大同先生怀古，他因"昆吾刀"的失传深为感慨，他认为自失昆吾刀，"旋车制玉，气息薄弱，失其古趣"，"机器制玉俗恶不堪，可畏也"。

另外一个概念叫"**游丝毛刀**"。

这种刀法是三代之后，春秋两汉时期的主要制玉工艺之一。

"游丝毛刀"与"汉
八刀"都是战汉时期当家
刀法，但前者论者甚少。

　　"游丝毛刀"是战汉
时期一种神秘的细线雕纹
技巧，其线细若游丝，婉
转顺畅，时隐时断，明代
高濂在《燕闲清赏笺》一
书中说："汉人琢磨妙在
双勾，碾法婉转流动，细
入秋毫。更无疏密不匀，
交接断续，严若游丝白描，
毫无滞迹"。这里讲的应
当是对游丝毛刀的具体描
述，但这种刀工至唐宋明
清后就少见了。我们对这
种工艺应当研究继承，因
为它是古人的珍贵遗产。

白玉镂空雕猴戏桃摆件　明
东方收藏馆藏

龙型玉环　汉　东方收藏馆藏

玉铺首　汉　兴平市茂陵博物馆藏

古玉的"沁色"和"包浆"

古玉的神奇之处还在于它"受于天，藏于地"。千百年来大地的浸蚀，大气的氧染，使它表面出现了千姿百态的"色沁"和"包浆"。地蚀谓"沁"，气蚀谓"浆"。文学家们比喻它们是大自然在玉的胴体上留下的"印记"。正是这些"印记"成为我们确定古玉年龄的依据之一。

刘大同先生在《古玉辨》一书中这样表述古玉："受沁之原，不易深究，足见地气化生万物，奇奇怪怪，变化之无穷也。沁虽薄如玉皮，轻如蝉翼，亦有逸趣"。如此神秘而重要的依据，藏玉人不可不做研究。

高古玉藏于地下几百乃至数千年，不同的矿物质沁入玉内，给玉器带来了不同的颜色和次生物。表现在古玉热水烫泡后表皮呈现的白色晶体层，俗称"灰皮"，也是土壤中不同矿物质进入玉体后出现的不同"色变"，俗称为"沁"。随入土时间长久，"沁色"相应加重、加深，自然痕迹也愈显深重。同时，由于玉器入土的地域、地质状况差别，古玉之"沁"也各有区别。正所谓"玉有干、老、鲜、嫩之分，又有粗疏、细腻之别"。刘大同先生言"玉性属金，多产于西方"，"玉入土者性喜燥不喜湿"，"古玉出土者以陕甘最多而最上”。我们在研究古玉的“沁”“浆”时，应当结合玉的出土地和原产地，因“地”制宜，以“地”辨“沁”，依“沁”断代。

历代做伪者深谙此道，于是出现了形形色色的假“沁”，假“浆”，给古玉鉴定带来了困难。时下不法商人为取暴利，人为做假，最常用的手段是在“沁”色上做文章。新学者务必要在古玉“沁色”辨识上下功夫，这是学习古玉绕不过的一道坎。

“沁色”种类多如繁锦，林林总总，不一而足。各家各地说法不一。清代《玉纪》所载的“十三彩”“二十六纹”，《古玉辨》中把红“沁色”分为“鹤顶红”“朱砂片”等五种；“黑沁”分“黑漆古”“美人髻”等五种；“紫色沁”又分为“茄皮紫”“玫瑰紫”等五种；“青色沁”“绿色沁”也各分为五种；“黄色沁”又分为“鸡蛋黄”“老酒黄”等八种；“白色沁”分为“鸡骨白”、“鱼肚白”等七种。除此之外，以植物、动物像生色又分出七十多种沁色。依我看，上述“沁”色种类的区别，命名并不重要，而且各家各派见仁见智，说法不一，我们不必在沁色称谓上过于追究。

自学者无须强记那些的"沁"名，更不必按图索骥，以这些名称为依据去寻找真品。重要的是了解古玉"沁"色发生原因和规律，再结合其他鉴定要素，准确还原古玉器的历史面貌和基本价值。至于"玉沁"，掌握基本沁色即可。

　　基本古玉"沁"色有哪些呢？本人集二十多年经验，归纳主要常见沁色如后。

代谷纹龙型出廓壁　汉
东方收藏馆藏

锁型玉雕件　汉
东方收藏馆藏

1. 五色沁

　　玉在地下受沁五色以上十分罕见，民国玉人有谚语"玉得五色沁，胜得十万金"。"沁以五色者为最上"，"古玉沁，首重五彩耳"，所谓五色沁出自"妃嫔所佩之物"，这一说法笔者不敢苟同。我认为五色沁应当还是地下各种矿物质和地气影响所致，岂因妃嫔而生成！

玉璧　商

2. 水银沁

水银沁来自土地中，随敛葬时所施水银所致，考古界披露，秦始皇墓中可能大量施葬水银，有"水银河"之说。三代（夏商周）水银沁，大片大块，干而厚，黑如漆。秦汉玉的水银沁，常结成纹或片，色泽光鲜。六朝时水银沁多浮光明显，薄片居多。当然上述水银沁特征因地域（南北）、地气（干、湿）不同而异。

白玉琮　西周 东方收藏馆藏

3. 石灰沁

石灰沁，也称"鸡骨白"，刘大同先生认为"玉受地火者，皆变为白色"，俗称"石灰沁"。他所言"地火"其实是指上古时期先民有"燔燎"制度和"瘗地"风俗。即火烧玉习俗。先民祭天之前，先把玉置于火中"燔燎"，意求老天护佑，后将烧玉埋于地下，求大地神灵保佑，谓之"瘗地"。大多石灰沁当是"燔燎""瘗地"的产物。当然也有人讲，此沁因土地中石灰所至，也未可知。

玉荷叶鱼坠　金
西安文物管理会收藏

绞丝玉环　战国　东方收藏馆藏

玉笄　战国　东方收藏馆藏

4.血沁（朱砂沁）

"血沁"亦称"血古"。古称"尸血浸至"，其实此说法实在荒谬。人死血枯，血色变黑，液体变固体，何以能浸入玉内，又何能沁色如血？实际上应当是地下色液、石灰、朱砂等矿物质影响所致。不过朱砂入玉速度很慢，多附在玉器凹陷处和镂空附近。

玉蝉（朱砂沁）战国　东方收藏馆藏

5.土沁

土沁,由红、黄土沁成。局部有放射状云块形斑块。有局部会出现疙瘩或小坑。有的高古玉会因土壤酸、碱性物质浸蚀,出现"土咬"和"蛀蚀"现象。

龙玉佩 战国 东方收藏馆藏

兽头玉带钩 西周 东方收藏馆藏

6. 钉金沁

"钉金沁"是一种常见的古玉器沁蚀现象。一块玉的不同部位，石性强弱不同，玉材或同一块玉材内部结构密度、硬度多不相同。入土受沁，结构松的部位会因外部浸蚀而出现线状凹陷，似钉子钉过，故而得名"钉金沁"。坑凹底部，颜色各异，有黄、棕、紫各色不等，黑色凹陷称"钉金水银沁"。

玉鱼　新石器时期

玉熊俑　战国　东方收藏馆藏

导言

7. 饭糁沁

饭糁沁，玉器表层因受"沁"出现点状白斑，似米粒浮悬于米汤中故称饭糁沁。多见白色、灰色玉中。

白玉蝉 春秋 东方收藏馆藏

片状玉兽 西周 东方收藏馆藏

8.玻璃光

玻璃光是高古玉中一种特别美的自然光度。尤以战汉玉中玉质最好，细腻油润硬度高的玉质，加之精美的刀工和高超的抛光技术后，受数千年"地气"之滋润，出现氧化、包浆，类似玻璃样光洁玉面，俗称"玻璃光"。一般玻璃光玉器，玉沁色在"镜面"之下，这种玉器经人工盘玩后，"镜面"会出现宝石般的光泽，十分可爱。

白玉凤鸟 西周 东方收藏馆藏

玉人面瑞兽俑 西周

9. 根须纹沁

根须纹沁，目观玉面，似植物根须盘缠，一般会在玉质差，硬度高，白度低的地方玉器中出现。

玉斧 新石器时期

10."开窗"现象

古玉受沁往往从边缘开始向中心浸近，因岁月因素，快到满沁之阶段，器物中心未受沁的部分形同器物上的窗户，这种现象称为"开窗"。

玉圆箍形饰 商代晚期

11. 冰花沁

冰花沁，一般在玉质较差受到北方土蚀的玉器表面出现，白浆状物质满覆器物表面，其表面布满冰雪花纹，沁很厚，开水浸泡后，器表会出现厚厚一层粘液覆盖。

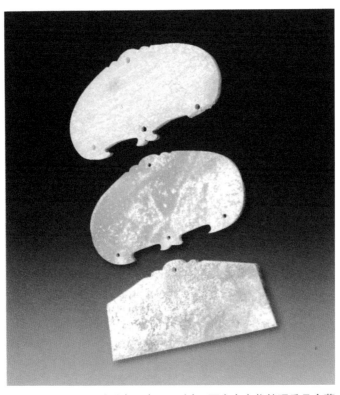

南北朝　青玉云头佩　西安市文物管理委员会藏

12. 冰裂现象

冰裂现象一般出现在密度、硬度、透明度较高的玉器内部，冰裂纹手触无痕，目观好似冬季的冰裂纹。这是高古玉器出土后常见的一种现象，玉质因在土层下酸碱所浸而出土后因空气的热胀冷缩而致。

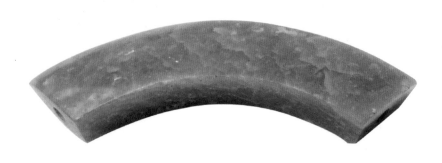

青玉玉璜 六朝 东方收藏馆藏

13. 关于"包浆"

对于玉器在多年的盘玩之后，会出现"包浆"现象，行内也称"皮壳"。许多人把"包浆"说的神乎其神，其实就是古玉在岁月中受到空气的氧化，或生活杂质和油质的浸染在玉器上的附着物而已。笔者在讲课时讲过，要看懂"包浆""皮壳"，去看看老餐馆的餐桌面，或去看农村老剃头匠的挡刀布。其面上油光亮的那层东西即是"包浆"。"包浆"不仅玉器上有，古瓷、古铜器、古木器上也会出现。只不过收藏者要注意，古物上的"包浆"是天赐之物，不可将其刮擦掉。必须知道"包浆"不仅好看，增色，而且是判断器物老旧的依据之一。

综上所述，玉器的"沁"和"包浆"是我们玩玉之人研究的课题之一。应当仔细的琢磨，观察判断之。如能熟练地掌握玉"沁""包浆"之道，那就是掌握了进入古玉之门的金钥匙。

青白玉兽面纹钫　清宫旧藏

古玉的学习和欣赏

朱光潜先生是著名美学大师，他在谈及古代艺术品赏析时说："古物至尊，欣赏大美，最终要达到忘我、忘物的境界"。

这种境界的实现是渐进的，一般呈现为四个层次：

第一，对古器物的认识断代，明了它的工艺、材质、时代、用途和标型，这是科学认识层面；

第二，确定这件艺术品的价值，包括经济价值、历史价值、美学价值等等，这是对此件艺术品的商业认识层面；

第三，得一物，赏其美，析其义。不仅要欣赏这件古器物的外形美、材质美、工艺美，还要分析这一古物的文化背景，时代特征和社会意义。进而欣赏它的深层文化美，获得精神的满足和大愉悦，这是文化认识层面；

第四，天（物）人合一，心归自然，似有似无，无贵无贱，超脱回归，这是欣赏大美的至高层面。收藏者，少有人达到这样的境界。

近20年来，随着国内文物市场的繁荣，人们对古代玉器的收藏鉴赏水平有很大提高，不少人把对古玉器的热爱、赏析和研究延伸到文化层面，延伸到对中国文化史，工艺美术史，社会发展史的学习方面。其中不少人经过努力，逐步成为这方面的学者、专家。他们在收藏赏玩古玉器的时候，改变了原先只是简单地考据器物的市场价值，而现在觅得一玉器，首先考其文化背景，究其"出身"经历，把文化欣赏与经济考量结合起来，这是一种进步，难能可贵。

认识一位陕北的古玉收藏者，前几年在一次古玉研讨会上，谈到一个学术问题，他认为，商周文化分界线"北移"问题应引起学界关注，他认为，"周人不过陇山"的旧观点已经过时，应当纠正。早先考古界一直认为，商周时期中原文化的活动范围仅限于在"陇山以南"。这位普通的收藏者的新观点，不久就被考古新发现所证实，殷商后期，在甘肃、宁夏、内蒙等地，确有大量商周先民的文化遗迹。这位"大衣哥"用他多年收藏的商周古玉器标本为佐证，配合考古专业人员取得很好的成绩。2017年宁夏固原彭阳县的商周古墓遗址发掘，验证了他的这个观点。这个新发现为中国商周史研究填补了重要空白。

我是一名古玉器研究的"票友"，并非专门家。在我的周围有一批自学成才的"草根"专家，他们的精神令人敬佩。

　　他们中有人提起汉代"三宝"（刚卯、翁仲、司南佩），如数家珍，对它们的社会功能、玉器特征了如指掌。

　　他们中有人熟悉古玉器工艺，对商代的"双阴挤阳"，周代的"一面坡"，汉代的"八刀""游丝毛刀"工艺，对"昆吾玉刀""削玉如泥"，对乾隆的痕都斯坦玉工艺的说头，熟得不能再熟了。

刚卯　西汉　　　　　翁仲　西汉
东方收藏馆藏　　　　东方收藏馆藏

司南佩　西汉
东方收藏馆藏

殷商松石鸟

雕玉鸟纹

　　他们中有人言及殷商时期玉器上的"鸟纹"脱口而出，"玄鸟降而生商"的古诗，侃侃而谈，玄鸟为商人始祖，并且由玉推及青铜器、瓷器上的鸟纹、凤纹的缘由发展，有根有据，令人不得不赞佩。

　　在一次饮茶赏玉的活动中，一位年轻人在藏友怂恿下，给大家演示古玉韘和玉觽的用法和来路，随口吟出"芄兰之枝，童子佩觽""芄兰之叶，童子佩韘"的《诗经》章句，拿出珍贵的商代玉韘和玉觽，讲述古代男子佩"韘"佩"觽"的缘由掌故，这一下，令在场的藏家大为赞佩，连专家也大跌眼镜。

玉觽　西周　　　　　　　　　　　玉韘　西周

　　一只六朝时期的带羽翅的小玉兽，人首兽身，精神异常，因它的出现竟引发一场别开生面的西亚文化研讨。

　　这位小玉兽的主人打开话匣子，讲古道今，从两晋时期的中原"胡化"现象，到古波斯萨珊王朝的"琐罗亚斯特教"，从拜火教的人首兽身大祭司，到晋唐的人首镇墓兽，最后讲到河南北齐范粹墓棺上，拜火教神兽彩绘纹饰细节，真是由物及史，由史推物的一堂生动的西亚历史课在此展开，实在令在场的学人大为折服。最令我感奋的还有，亲眼目睹一些民间收藏家和非体制内的学者，为了保护散落在民间的文物，不惜献钱财，舍身家为国护宝，他们为"追踪"一件被卖出，流散在异国他邦的古玉、古铜器、古瓷器、古佛头、古雕塑，经年努力，含辛茹苦，功成而身退，实在是人间少有的情怀，他们是"值得赞佩的中国文化脊梁"。

在全国古玩收藏界有一位令人仰慕的重量级人物，他叫樊建川，早年入伍，中年为官（宜宾市副市长），后弃官经商，斥巨资建"中国抗战博物馆"为代表的系列公益文化事业，自己节衣缩食，家身耗尽，是当代藏人的模范。我想，象他这样的大家不在少数，他们的收藏活动达到了"忘我忘物"的境界，堪称"慧"者大家。

上述列举的几个实例，说明日益勃兴的民间收藏，对于弘扬中华传统文化，提高民族素质大有裨益。这些事实对那些于民间收藏有偏见的同志，是一种启示和教育。民间收藏是件利国利民的大好事，应当得到全社会的认可和支持，正所谓"玩物益智""藏业无涯"。

余光仁

目录

自序

　　世之著金石书者，如无参考之书，则书不易著；如无鉴别之识，则书不易著；即使有鉴别之识，参考之书，而见闻不广，搜集无多，则书仍不易著，此理之必然者也。余自幼嗜古有癖，独于古玉则尤甚。饮食起居，佩不去身，古族中老幼，皆以玉痴目我。既壮，好之愈深，是以庚子之变后，有俄使白兰荪之赠品数百具，亦奇遇也。惜宁局被回禄，荡然无一存者，每一念及，不觉黯然。

　　今老矣，而嗜古之癖，仍不少减。殆所谓古欢清爱，年愈老而情愈笃。少时所得玉痴之名，原非无因而至也。伏思吾国文艺之开化，以玉为最古，其他皆在其后。今人只知钻石翡翠，金银古铜古瓷之为贵，而不知"君子比德于玉"之可宝，其数典忘祖，已大谬矣。故毛氏有传，郑氏有注，许氏有书，以及宋宣和之《古玉图》、吕氏之《考古图》、元朱泽民所撰之古图者，皆恐后人不知古玉之名称，作何使用，为考古也。吾今作《古玉辨》者，是恐人不能辨古玉之真赝，为存古也，命名虽异，而好古之心则同也。顷于著《研乘》，补《隶篇》，释《泉苑菁华》，诸书脱稿后，特以古玉考据之书，世不多见，如吴清卿之《古玉图考》，以螭为虬之误；陈原心之《玉纪》，以六千年不出世之古玉，即化为泥之谬，一近附会，一近臆断，其中固多错误，但其苦心著录，亦属不易。何者？自吴陈二君去后近数十年来。弹此调者，尚有人乎？诚恐长此以往，则讨论者无人，研究者无人，精鉴著述者更无人。正如《典坟》《丘索》之无人读，黄钟大吕之无人闻，将古圣前贤所宝贵之球璧，视若沙砾，或破圆为方，毁赵氏之完璧；或染红煮黑，污虞廷之白环，岂不大可惜哉！故就耳目所及，以及六十余年把玩佩带之经验，约略记之，质诸同好，以供研究。如云著书，则吾岂敢。

庚辰春诸城刘大同自序于研光阁

汉　玉辟邪

古玉的历史和特点

古玉普通名称

　　玉之未入土者，名曰传世古，又曰自来旧。入土者名曰土古，殉葬之玉，因其含殓[①]，名曰琀玉。红如血者曰血古；微红者曰尸古；水银沁[②]者曰黑漆古；受地火[③]者，纯白曰鸡骨白，微黄曰象牙白，微青曰鱼有白。重出土者曰重出土；伪造者曰老提油，又曰炸偮，改造者曰旧玉；改造后雕者，曰古玉后雕。

评析：

　　本书首段开门见山，介绍了古玉的各种称谓，有数十种之多，如"传世古""土古""血古"等。

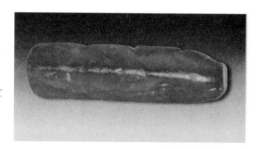

"血玉"玉豚　汉

①含　殓：古时将珠宝玉器放于死者口中含之入棺，后以此泛称入殓。

②水银沁：坊间玩玉人常将古玉沁色中的黑色，称为水银沁，通体沁成黑色的，俗称之为"黑漆古"。

③地　火：地下火又称地火、地下煤火、阴燃火等，是煤炭地层在地表下满足燃烧条件后，产生自燃，或经其它渠道燃烧所形成的大规模地下燃烧发火。

玉之性

玉入土者，性喜燥，不喜湿。土湿则易烂，色亦暗淡无光。南方出土之玉不多见者，皆腐烂，多不完整，而色又不足惊人故也。南方三代之物，固所少见，即六朝之物，亦寥寥无几。即偶尔遇之，求其色泽鲜明，体质完整者鲜矣。

评析：

本段介绍了玉的习性，并说明古玉的保存不容易。

玉璋　西周　四川省博物馆藏

玉之品

玉有干老鲜嫩之分，又有粗疏细腻之别。此皆由产玉之地质，与出土之地点不同故也。若玉之美者，虽受色沁[①]极厚，而精光内涵，厚重不迁，一望而知其如端人正士之正色不挠也。此不可不辨也。

评析：

本段介绍了玉的品类，并将好坏优劣归于产地的地质情况和出土地点。

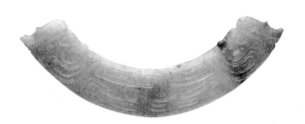

玉龙纹璜　西周　故宫博物馆藏

---

①色沁：沁色是指玉器在环境中长期与水、土壤以及其他物质相接触，自然产生的水或矿物质风化侵蚀玉体，铁、锰等氧化物缓慢地侵入玉器使其部分或整体的颜色发生变化的自然现象。沁色通常会成为一块古玉的重要鉴定标准。

玉之质

古玉形式，考之《古玉图》《考古图》等书，言之详矣。若论玉质，坚者如入燥地，虽万年亦不能朽烂如泥。陈原心《玉纪》云：凡玉在土中五百年，体松，受沁千年，质似石膏，二千年形如枯骨，三千年烂如石灰，六千年不出世则烂为泥。此乃臆断之词，决不可信。余见出土之玉，有清初之物，入土不满三百年，亦受土沁[①]，但不能入骨；又见夏器，玉质完善，五色灿然，令人可爱，入土三千年

玉龙喀什河所出之洒金黄皮羊脂子玉

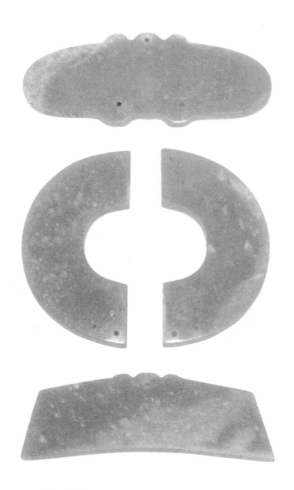

青玉组佩 三国魏 中国国家博物馆藏

之久，并未有烂如石灰者；又见石器时代所用之玉斧玉铲，虽属沙蚀土吃，虽经千年以上，而亦未有烂如泥者。即此足证原心所见不广，抑或原心所见之玉，以鸡骨白色为烂如石灰，则更误矣。盖玉入土，年久即软，不软则色不能沁入；出土后，见风即硬，其或有朽烂之处，日久亦即坚硬，绝无如泥之理。如在土中，化为泥者，即不能出土矣，此必然之理也。如玉质不坚，与出于海滨之地，及闽越之间者，不在此例。

评析：

　　本段介绍了玉的质地，并参考了作者自己把玩观摩玉器的经验。

玉琮　西周　西安市文物局藏

---

①土沁：玉器长期埋在地下，土中的矿物质侵蚀玉器形成的各种沁色沁斑叫土沁。

玉之色

　　玉有新旧之分，色有九种之别：曰璧，则玄如澄医；曰碧，则蓝如靛沫；曰玮，则青如苔藓；曰瓐，则绿如翠柳；曰玵，则黄如蒸栗；曰琼，则赤如丹砂；曰璜，则紫如凝血；曰瑎，则黑如墨光；曰瑳，则白如割肪；曰瑔，则赤白斑花；此玉本色也。若入土之玉，年久受地气所蒸，无论与何色之物相邻，皆能沁入。地中水银，到处流动，引物与玉熔于一炉，故玉之首色沁者，不止九种，每至十余种不等，直同窑变，令人莫名其妙。并且气味亦能沁入，若死尸所沁，即带臭气；碱水所沁，即带腥气；土沁者多土锈气；铜沁者多铜臭气。故非用开水煮之，或灰提油法[①]，不易退其腥臭之气。惟铜沁不宜用开水煮之，此不可不知也。

评析：

　　本段介绍了玉的新旧和颜色，对玉产生的各类色沁及味沁进行了详细的介绍，并和瓷器烧造中的"窑变"现象联系起来分析。

青玉俏色兔形坠　元

①灰提油法：一种玉器的消毒除毒法。

青白玉汉印　汉　上海博物馆藏

白玉执莲童子佩　宋　上海博物馆藏

玉皮

三代之器，无论大小，未见有带玉皮[1]者；秦汉六朝之器，亦不多见；唐以后即时常有之。人皆不以为贵，到清乾、嘉以来把玩之玉，专尚玉皮。将来千百年出土后，或有以玉皮为沁者，抑未可知也。

评析：

本段讨论了玉皮的问题，玉皮是玉石的自然呈现的颜色。

白玉桂鱼坠 元

---

①玉皮：往往指玉石子料表面的皮称为玉皮，有色皮、石皮、僵皮等等。

玉之出产

玉性属金，多产于西方，以和阗[①]、叶尔羌二处为最上。精光内涵，体如凝脂，其圣洁细腻，厚重温润，佩之可以养性怡情，驱邪辟瘟，有益于人身者，美不胜收。水底出产者，曰子儿玉，则尤为贵重，若宝盖玉次之。尤有异品，

玉龙喀什河所出之黄皮羊脂子玉

曰天智玉，入火不热。昔殷纣自焚，曾以五千玉裹其身，他玉皆化为石灰，独天智玉仍旧毫无所损，故武王取其而宝之，以其为稀世之珍。至蓝田[②]荆山所产者，虽极美，而所产者少。又有于阗之三河，东有白玉河，西有绿玉河，又西有乌玉河，以及新疆峭壁峻崖之石，亦多产美玉。又有莎车之玉河，昆仑山下各河，青海及南山之间，皆产玉。若西南阿丹巴勒布两处所产，质如翠石。翡翠出于缅、滇，其形似玉，实非玉也。有光浮于外，带有石锈者，人每目为色沁，则大谬矣。此不可不辨者也。

评析：

　　本段主要讲述了玉料产地的情况，如新疆和田、陕西蓝田、湖北荆山等。

和田色皮籽玉石料

①和田：我国古代著名的产玉之地，在新疆维吾尔自治区最南部。
②蓝田：今陕西蓝田县，盛产美玉，古有蓝田出玉的美称。

玉分出土地点

古玉出土者，以陕甘最多而最上，冀鲁豫晋，以及皖北徐扬等处次之，他省皆自郐以下。每见三代古物，其出土纹理棱角皆完好无损者，多出自西北。是因其土燥而玉性不能移也。江北数省，土干而不燥，年久每有斑点之痕，故次于西北。他省地多湿气，所出古玉，花纹字迹，往往漫漶而不清晰，且少完整之器，故不足重也。按出土之玉，皆因土性为转移。出自沙土地者，多瘢痕；出自咸卤地者，多腐烂；出自河淤地者，多浮光；出自山岭地者，多干洁；出自五金矿地者，多受矿质沁染，而不纯净；出自海滩者，则色皆混沌，而体无完肤，此不可不辨也。

评析：

本段讲述了古玉的出土地点，出土的土壤环境与其性能特征保存状况之间的关系。

和田青玉镯（朝代不详）

玉兽耳云龙纹炉　宋

古玉的沁色

受沁色之古玉

凡古玉出土，受色沁者，品类繁多。有不受色沁，而亦不受土蚀，形似传世古者，此玉之最坚者也，颇不易得。又有身多土锈，而无他色沁者。珰玉最少。珰玉受一沁者，名曰纯一不杂；受两色沁者，名曰黑白分明，又曰天玄地黄；受三色沁者，名曰三光照耀，俗名三元及第，广东南洋，名曰桃园结义；受四色沁者，名曰四维生辉，又名福禄寿喜；受五色沁者，名曰五星聚魁，又名五福呈祥，通称之为清五彩；受群色沁者，多至十五六色不等，名曰群仙上寿，又曰万福攸同，通称之为混五彩。余家存一旧玉乐壶，黄玉质，两面刻八骏，刀工精深，受沁十余色，马色各不相同，至铁莲青、桃花红、雪白、栗黄各色，尤鲜妍，为世所罕见，真巧沁也①。又存一古玉蝉，白玉质，沁有四色，物小而精，亦系巧沁，均被抄没。

评析：

本段介绍了古玉的色沁，色沁是出土玉器的常见外部特征，也是鉴定古玉真伪的重要依据。

①巧沁：又称俏沁，指巧妙利用玉料上的不同颜色琢成图案纹饰，增加表现力。

玉卧马 明 观复博物馆藏

青玉云形玉杯 唐

色沁各种名称

受黄土沁者，色如甘栗，名曰玵黄；受松香沁者，色如蜜蜡，名曰老玵黄；受靛青沁者，色如天青，名曰玵青此系青衣之色，传染沁入玉理者，深如蓝宝石，名曰老玵青；受石灰沁轻者，色红艳如碧桃，名曰孩儿面，复原时，直同碧霞玺；受水银沁者，其色黑，名曰纯漆黑，此非地中水银所沁，乃古代殓尸之大坑水银沁入，方有漆色；受血沁者，其色赤，名曰枣皮红，深者名曰酱紫斑，此乃近皮之物也。或云血不能沁玉，以人死血枯竭无生气，必因地气所蒸，与他物混合为一，方能沁入玉内作深紫色，此一说也。受铜沁者，色如翠石，名曰鹦哥羽。铜器入土，年未久即生青绿色，年久则尤甚。玉与之邻，为其传染沁入，复原时，比翠石而更娇润，但用热水洗之，含有铜臭气耳。此外杂色尤多，红有鹤顶红、人参朵、朱砂片、胭脂斑、鸡血红；黑有乌云片、淡墨光、黑漆古、多貂须、美人鬓；紫有茄皮紫、玫瑰紫、羊肝紫、紫檀紫、紫灵芝；青有铁莲青、竹叶青、虾子青、熊胆青；绿有松花绿、苹果绿、蕉牙绿、瓜皮绿、鹦鹉绿；黄有蜜蜡黄、米色黄、鸡蛋黄、秋葵黄、栗色黄、老酒黄、黄花黄、黄杨黄；白有鸡骨白、象牙白、鱼骨白、糙米白、鱼肚白、梨花白、雪花白。又有梨皮、橘皮、象皮、骆驼皮、黑蚓迹、鱼籽斑、鱼脑冻、蚂蚁脚、鹅眉黛、牛毛纹、鹧鸪斑、蛤蟆皮、荔枝核、冬瓜瓤、烂豆豉、石榴籽、碎茨纹、槟榔纹、洒珠点、古铜色、细罗纹、银灰色、瓦灰色、冰糖块、雨过天青、梅花数点、长虹贯日、太白经天、金星绕月，玉带缠腰、红日东升、秋葵西向、孤雁宿滩、苍龙浴海、桃花流水、银湾浮萍等名。受沁之原，不易深究，足见地气化生万物，奇奇怪怪，变化之无穷也。但论沁色，无论何色，以透为贵，次则为巧沁，虽薄如玉皮，轻如蝉翼，亦有逸趣。余昔存有巧沁大件九品，小件二十五品，其奇形怪状，真令人梦想不到。至《稗史类编》云：出土之玉，血古尸古为最贵，黑漆古土古为价低。今人又重铜绿沁，均未知古玉受沁之由来也。

评析：

　　本段将各类色沁冠以生动形象的名称，并对其成因、品质、呈色做出鉴别。

黄玉朱砂沁瑞兽　汉
东方收藏馆臧

色沁小品之精

色沁之玉，大而精者，固不恒见；即小而精者，亦不易得。曾见郑君肯之，购一玉瓶，小如葡萄，满身雄黄沁，光如宝石，其刀工之精致，又非寻常可比，真可谓六朝巧雕之精品。稚樵侄得一玉蝉，小如扁豆粒，质白，色沁为铁莲青，刀工极细，视之栩栩欲飞，亦精品也。余昔得一碧玉佛，小如枣核，遍体鱼籽斑，刀工亦甚圆浑，知非近世所能造，或云蒙古旧刻，虽未敢决定，但亦精矣。纪元十七年，在沪上见古冕旒百余棵。每棵有二三色沁及四五色不等，古香异采，令人生羡，因索价过昂，不敢问鼎。三代古物，如此小而且精，精而且多者，实所罕见。

评析：

本段主要点评和回顾了作者亲朋好友和自身接触收藏过的色沁玉器，描述出这种玉器的精巧美丽。

玉璜 新石器时代
上海博物馆藏

五色沁之古玉

凡玉出土，沁以五色者为最上，三色四色者次之，二色一色者，又次之。盖以地中五色不易产于一处，惟殉葬时，方能萃集五色于一穴，吾故曰非玲玉，不易受五色之沁也。况所见五色沁之古玉，多系妃嫔所佩之物，故古玉之沁，首重五采耳。按五色沁，光怪陆离，灿烂照人。有花纹者，千不一见。即未经雕琢者，亦殊可珍，较之受色沁少者，则远胜百倍。谚语云：玉得五色沁，胜得十万金，极言其可贵也。庚子变后，俄使赠余数百件，颇多佳者。但圭璧[①]琮璜等器，受两色三色沁者甚多，受五色沁者，仅一琮一筝耳。以大内收藏之多，尚不易获，其他可知矣。惜宁局被火，无一存者，言之神伤。幸家藏夏时龙凤佩，未经损失，故至今佩之，而不肯去身也。顷又得一小琮，群色沁入，惜少刀工，但亦西周旧物，可珍也。

评析：

本段对色沁古玉中最珍贵的五色沁做了鉴赏说明。

---

①璧：是一种中央有穿孔的玉器，为我国传统的玉礼器之一，天子祭天时的用器，最出名的"和氏璧"就是这种。

水银沁之古玉

水银沁[①]，有地中之水银，有殉葬之水银。殉葬水银，有大坑小坑之别。大坑水银，皆帝王列侯所用，其沁入之深厚与小坑不同。有一器而全体皆黑者，有一器而半身皆黑者。三代之物为最多，秦汉次之，两晋以后，即不多见矣。水银沁大则成片，小则成块，细则成线，皆因玉质坚与不坚则分，但色黝黑而有亮光，则一也。若地中水银所沁，有浅黄色牛毛纹者，有露白点冰片纹者，有在玉中而自行流动者，其色泽亮光，虽露有淡黑色，究与殉葬水银，迥不相同。常见古玉，黑白分明，一半大坑水银所沁，一半地中水银沁。地中水银，轻如流水，故所沁者形似鱼脑冻，人见之以为玉质之脑，非也。大坑水银所沁者即成黑漆古矣，况玉脑色与玉质无异，地中水银沁，则变为黄白，或

独山玉虎人面璜　新石器时期
美国旧金山亚洲艺术馆藏

"黑漆古"青玉藻鱼衔花叶佩　金

微黑微青，皆因地气使然也，此不可不辨者也。幕友韩翕如，赠余黄玉束发，形同宝石，含有水波淡白色，此即地中水银沁一证也。人每以地中水银所沁，与殉葬水银所沁，混而为一，则更谬矣。

评析：

　　坊间坑玉人常将古玉沁色中的黑色，称为水银沁，通体沁成黑色的，俗称之为"黑漆古"。本段详细介绍了水银沁的分类。

———————————————————————————————

①水银沁：黑色沁，古人称为水银沁。

水银沁之老嫩

　　三代古玉因入土年久，水银结成大片或大块，干老异常，非佩之数十年，不能透出清光，一经盘[①]出，则黑如漆，明如镜，其耐人寻味，多有不可思议之处，如余所佩之碧玉琮是也。秦汉古玉，水银亦有结成大片或大块者，其色鲜亮，特少有干老之气，如余所佩之碧玉虎符[②]是也。两晋六朝之物，水银明亮，若有浮光，且成薄片者多，而深透者少，故易盘出，如余所存之黄玉宫门环，沁如纸薄；白玉裂袋圈，沁如枣皮；白玉琮，满身牛毛纹者是也；清室亲贵，多佩此等旧玉。若唐宋之物，水银吸入未久，色易变动，其气质不厚，最易盘出，即脱胎后，亦乏古意，此不可不辨也。

评析：

　　本段讲述了不同时代水银沁的特点。

---

①盘：属于民间流传的一种赏玩古玉的方法。通过盘玉，可以使古玉器的质地呈现特别的变化，犹如脱胎换骨，状若宝石，是古玉器藏家玩家的乐趣之一。

②虎符：古代军中印信。本书中的碧玉虎符是指用玉制成的虎符一样的饰物。

受地火之古玉

玉受地火者，皆变为白色，俗称为石灰沁，即今所谓鸡骨白[①]、象牙白是也。按鸡骨白，为白玉质，象牙白，为黄玉质，犹有淡青者，为鱼骨白，其质乃青玉也。以地中无天然之石灰，而有自然之地火，凡玉经火，其色即变为白，形同石灰，犹之石见火，黑者赤者皆变为白，而白者乃更白，故俗名之曰石灰沁也。玉属石之精，故其性无殊，今见人

象牙白饕餮纹玉璜　良渚文化　美国波士顿美术馆藏

之移冢者，开坟后木棺被地火焚毁，往往有之，即此足见玉受地火亦然。或云，筑坟修墓，所用砖瓦石块，必须石灰灌浆，方能结成一片。是古墓中必有石灰，故名为石灰沁。此说亦似近理，但不如地火之说，为可据也，盖以石灰沁，玉变红色，与受地火之玉，色皆变白者不同，故不得袭谬沿讹，通名之曰石灰沁也。余佩一印，文曰气象万千，白玉质，水银沁过半，佩于腰间，已二十余年，一日失落，不知所在，次晨童子扫炉灰，见在灰中，已变为鸡骨白矣，可见地火与炉火相同，又乌足疑焉？再征之前在宁局被焚之古玉，其色皆变为石灰，大者皆碎，零星小件，尚有被局役捡去者，其所沁之黑者、青者、黄者，均成石灰色，亦不过深浅不同耳，此尤足据也。

评析：

    本段讲述了古玉中石灰沁的成因和特点，并认为是收到了地火的影响。

---

① 鸡骨白：一种沁色，因像鸡骨头的颜色而得名。鸡骨白的成因有三种：一种是天然的玉料就是这种颜色；一种是玉器入土后受沁造成的；还有一种是火烧形成的。

古玉出土之变相

玉出土，有形如瓷片者，有形如瓦片者，有形如石灰者，有形如枯骨者，有形如兽角兽牙者，有色如木炭者，有色如生姜者，有色如烂酱者，有色如鲜枣者，有半露质地者，有不露质地者，有带玻璃光①者，有遍体不露玻璃光者，此种形形色色，愈古愈怪，真令人难测。嗜古者，当格外小心，切不可因其形色而忽之。诚以斑锈深厚，年愈久而形色愈黯，一经盘出，各种色沁，毕露其精采，有匪夷所思之妙。露质地者，固佳，不露质地者，其古香异采，尤其奇绝，此不可不知者也。

评析：

本段描述了出土的古玉，颜色不一，形态各异，有的如瓦片，有的如石灰，有的如枯骨等等。

碧玉梯形云纹剑珌　春秋
上海博物馆藏

①玻璃光：古玉中一种玻璃般的光泽。

玉爵杯　明

古玉的分类

香玉

古玉出土，含有香气者，世不恒见。余时存一玉瓅[1]，白色方形，长二寸六分，方五分，云雷花纹极精深。余佩之有年，因调查国界，渡松花二道江，乘独木卫护，将登岸，跳板一跃而下，不觉系玉之绳坠断，将瓅落于水边，旋令护兵随从十余人入水寻觅，终不能获，今三十余年矣。每一念及，为之怅怅，因香玉之不易得故也。按此种玉入土时，必邻于奇南[2]，或松香樟脑沉香等物所结而成，有谓系受地中硫磺所沁，亦未可知，但非用手把玩，至玉不凉时，其香气不出也。

评析：

本段介绍了一种特殊的出土古玉，叫香玉，这种玉含有香气，比较罕见。

白玉忍冬纹八曲长杯　唐
陕西历史博物馆藏

---

①瓅（lè）：一种玉器，管状或长方状，中空。
②奇南：又名奇楠、伽南，根部树脂多，有香气，故俗称沉香。

温凉玉

泰山老母[1]宫，藏旧玉一枚，长约一尺五六寸，阔约六寸余，其样式尖圆形，一半白，一半黑，黑者温，白者凉，人皆异之。余以为此玉入土时，一半插入水中，一半浮于水面。年久出土，其在水中者，必凉，见日光者，必温，因水气日光，一凉一温之性所结而成，犹之石置盆中，在水中者凉，见日光者温，其理一也。

评析：

本段介绍了泰山的温凉玉的特征。

猪形握玉 汉 陕西历史博物馆展藏

①泰山老母：泰山老母又称碧霞元君，在汉族民间信仰中占有重要地位，是中国道教的重要女神之一。

澄潭水之古玉

玉有出土，后落于潭水之中年久，再出土者，名曰澄潭水。此种含有水气，润泽异常，较之脱胎旧玉[1]，犹胜数倍。以其清光能照人影，诚为罕见之珍。余见清纯帝[2]所佩之黄玉纹鱼佩，受三色色沁，名曰澄潭水，视之首尾欲动，真奇品也。按玉性喜燥，而患湿，故出土古玉佳者多在西北，独入于潭水中，于无石无泥处而得此宝，为世所珍，岂不怪哉？

评析：

本段介绍了"澄潭水"这一古玉品种，玉质优良，光彩照人。

玉环 唐

①脱胎旧玉：通过盘玉，可以使有色沁和
　　　　　锈斑的古玉器质地呈现特别
　　　　　的变化，犹如脱胎换骨。
②清 纯 帝：即清乾隆皇帝，谥号"纯帝"。

重出土之古玉

重出土之古玉，土蚀必有露出两层之形，细视内必透彻有光，外必含有污秽之象，土蚀亦有深浅之分，若用滚水煮之，则污浊自退，清光大来矣。常常把玩，即能脱胎变为宝石色，较之第一次出土者，尤为特出。余昔存黄玉虬①纹佩，满身璘斑，首有一角颇长，如吴清卿《古玉图》所考载之虬纹佩，首无角者误矣。盖虬有角，螭②无角，不可不辨。审其质地，似重出土物，只因大不易携，故未盘出。又存有白玉蚕影佩，器小而精，受水银沁极厚，审其肌理，精光内蕴，乃佩之数年，居然还原，有宝石色，见者以为此玉易盘，余曰此乃重出土之玉也，第一次出土时，早已经人盘过，故今日再盘，即省工矣。此理之必然也。

评析：

本段介绍了重新出土的古玉的特征。

玉三龙杯 汉

①虬：中国古代传说中一种有角的小龙。
②螭：中国古代传说中一种没有角的龙。

玄玉

　　余少时，与族兄西岩同学，夏日同浴于小浯河之龙湾。西岩好食蟹，每于石洞中捕之。忽得一蟹甚巨，其甲箝一小石，黑如琥珀之璺光，极空灵，疑为寻常之牛角石。既审视有花纹极精细，乃一玉压脐①耳。余索持之经两月余，不知失落何处，迄今思之，殆所谓澄潭水欤？

评析：

　　本段介绍了作者自己曾经赏玩过的"澄潭水"玉。

玉璧　西周
山东省济阳县博物馆藏

---

①玉压脐：压在人的肚脐上的一种装饰性玉器，多为花形薄片。古人认为人的肚脐和丹田能吸收玉的精华，对人的五脏六腑起到保健作用。

把玩之玉

　　玉佩历代皆有，至把玩之品，自秦汉始盛行于世。诚以玉佩皆斫成片段，故宜佩之身边。把玩之玉多子玉，椭形者占多数，故宜持在手内而易于玩弄也。余所见把玩之玉，多系雕以鸟兽虫鱼、龙虎虬螭等式，均系子玉，且皆秦汉以后之物，未见有三代之器。足见把玩之品，皆因子玉物小而精，后人不忍斫成片段故也。余昔存一白玉蟾，大可盈把，背沁有茄皮色，后被子方侄携去。存一玉虎，已成黑漆古，不露质地，刀工系汉八刀[①]，佩之数年，后在广州有友人招饮，醉坐洋车而睡，手中所持之玉虎，不知失落

玉猪（汉八刀）　　汉

何处，今尚有一玉虬，全身黑漆古，刀工极精，惜其角上，于出土时受有斧铲微伤；又有一白玉鸳鸯，卧荷叶上，沁有铁莲青、枣皮红等色，颇佳；又有一黄玉暖手，上刻一蝙蝠，全体刻卐字，盖取万福攸同之意也，受水银沁极重，刀工朴拙，含有古趣。以上数品，皆汉物也，至六朝以后把玩者，土古尤多，但已远逊秦汉矣。

评析：

本段介绍了把玩之玉的各种情况，并认为这种把玩之玉在秦汉之后才盛行于世。

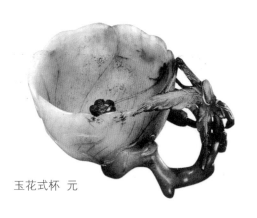

玉花式杯 元

---

①汉八刀：汉代的一种玉雕技法，风格简练流畅，宛如八刀而就，多见于玉蝉、玉握猪等。

宝玉之名称

　　周分宝玉于伯叔之国。当时所称宝玉者，是极言玉之贵，未必皆出土之者有宝石色也。今之所谓宝玉者，皆以出土之玉变为宝石色，故名之曰宝玉也。玉不入土，而有宝石色者，仅璧钲一种而已，以其玉兼宝石改故耳。若出土之玉，不借盘功，而成宝石色者，吾未之见。盖以玉不受地气所蒸，诸色所沁，其肌理未变者，不能成宝石色。不受人气之养，盘功之深，其气质不变者，亦不能成宝石色。夫宝玉之可贵者，晶莹光洁，温润纯厚，结阴阳二气之精灵，受日月

青玉高足杯　元

星光之陶镕，其色沁之妙，直同浮云遮日，舞鹤游天奇致异趣，令人不测。较之宝石徒有光采，而少神韵，能夺人之目，而不能动人之心者，则远胜十倍矣。故嗜古者皆称宝玉。余昔存一桓圭^①，上白下黑；一琥，沁有四色；一羨，鸡骨白色。均有宝采，玲珑可爱，惜被火焚。一黄玉佩，两面所刻螭龙，而中有一孔，作龙尾交错形，刀工颇古。两面朱砂沁，色兼红紫，全体光莹透骨，见者皆以为玉石。余佩之四十余年，而始臻此境，不易也。近得一三代系璧，小而精，亦如宝石，特少刀工；一晋代云龙璧，黑白分明，形如水晶。大小二璧，亦颇可玩；犹有二印，一碧玉形，如绿波；一黄玉，色同蜜蜡，皆脱胎旧物，亦多逸趣。

评析：

　　本段详细介绍了出土后，经盘磨后有宝石光泽的"宝玉"。

孔雀形白玉镂空簪首　宋
中国国家博物馆藏

①桓圭：古代帝王、诸侯朝聘、祭祀、丧葬时所用的玉制礼器，为瑞信之物。圭有六种，桓圭为公爵所执。

异品之玉

　　清光绪二十年，余在燕京①夜市，购一旧玉，白色，茄式，刀工颇精巧，蒂多土斑，无他色沁。茄身白如羊脂，中有水珠，大如豆粒，见者皆以为奇异，有谓水银沁入结成块者，有谓玉中生虫，如土中生虫，石中生虫者，其说不一。余以为如含殓之水银所沁，当即变色，且成片，成块，成线等形，人皆知之，而未闻有成珠者。即地中水银所沁，其光自流动，亦不能结于一处，而成豆大之水珠，如以为有玉中生虫，何以向日视之，不见虫迹？相传石中有水，曰空青，水晶亦有此空青，此或玉之空青耳。石空青，《本草》②云：产益州山中，但不知玉之空青，产自何处。天地生物不测，

白玉螭钮玉印　清
上海博物馆藏

真令人不能识也。余佩之数年，后因访张振卿年丈于东城，乘骡车翻于玉带河桥下，当时昏迷不省人事，岸上人将余抬于一小铺内，休息片刻即醒，见仆人与车夫皆头破血流而擦药，余则无恙也。旋问仆曰：伤损物件乎？答曰：玉茄碎矣，他无所损。余甚惊异，以为河底无石，玉何由碎？审视之，见玉茄身中一孔如豆大，空无一物，而已分为两矣，惋惜之至。次日徐东甫表兄来视余伤，即以碎茄示之，渠曰：闻之出土古玉，能护人身体，今果然矣，弟其存之。后藏于旧玉匣中，十余年而无失。迨宁局被回禄，此玉茄亦在其中，可惜也，亦可志也。

评析：

　　本段主要记录了含有水珠的白玉茹，作为一块奇异之玉，还帮助作者避难的故事。

玉鹰 辽

---

①燕京：北京的旧称。
②本草：即《本草纲目》，本草著作，52卷。明代李时珍撰，是一部中医药学的总结性的书籍。

骨变玉

兽骨变玉，为世所罕闻。质轻沁透，其光采色泽，直同五千年以上出土之旧玉，真可怪也。按兽骨变石，其年龄不知凡几，若变而为玉，其年龄更不可考矣。欧美研究地球之年龄者，当在所必需也。余得二枚，古趣盎然，亦一奇观，似可作研究地球学者参考之一助。

评析：

本段讲述了骨变玉的这一奇特现象，并做出自己的一些时间方面的推断。

古玉三螭杯 宋

传世古

玉器未经入土，而年已经久，满身红色牛毛纹，若隐若见者，是曾经多人之把玩，精神气血凝聚而成，故质地之宝浆，含有生气，玩之亦多雅趣。余见兰陵王氏，其世藏之连环璧，长二尺余，一黄一白，中有联环系之花纹。黄者谷式[①]，白者蒲式[②]，刀法之精深大而完整，洵为巨观，视之即知为汉器。又于日友某公爵家，见一白玉壶，大而且厚，花纹极细，视之即知为晋器。族兄雨樵，存一碧玉鱼，惠藕桥兄存一白玉虎，余家存一白玉佛像，均未入土，牛毛纹极细，色微黄，审其刀工，即知为六朝故物。至唐宋之物，见者尚多，故不赘。

评析：

　　古玉有传世古玉和出土古玉两大种类，本段主要介绍了传世古玉的特征。

玉璧　战国
河南省文物研究所藏

---

①谷式：即谷璧，有整齐排列的蝌蚪状纹饰，像谷牙，流行于战国秦汉。
②蒲式：即蒲璧，有成排密集排列的六角形格子纹饰，常见于战国秦汉时期的玉璧上。

土古

　　凡出土之古玉，通名为土古。轻者曰土蚀，曰土锈；重者曰土侵，曰土斑。皆因地气所蒸，受土吃有深有浅，故现此形。如无此形，便非入土年久之物。亦有入土未久，而即出者，仅含有土气，用开水煮之，土气自退，依然如传世古无异。每有土锈浓厚，深入肌理，用刀刻上，不易削去者，盖因土有沙性沁入玉理，合而为一，故不易盘出。即盘出，亦不及色沁之光洁，耐人摩挲也。余存一赤玉璋[1]，一苍玉璧，土沁处作干黄，含有石沙质。用灰提油法煮数次，亦无大效，极力盘之，微露暗淡之光，在奉天时，赠年丈英和卿侍郎。

评析：

　　本段主要介绍了出土古玉的特征，并介绍了处理不同古玉的相关经验。

残璧　齐家文化
甘肃省博物馆藏

---

①璋：古代用于祭祀山川的一种玉器，军队中也使用，称牙璋，用以调遣军队。半圭为璋，形状像半个圭。

琀玉

　　《典瑞》云：于驵圭、璋、璧、琮、琥、璜之渠眉。疏：璧琮以殓尸。之下注云：圭在左，璋在首，琥在右，璜在足，璧在背，琮在腹，盖取象方神明之也。疏：璧琮者，通于天地。盖古人皆以玉为瑞，出于神秘之信仰，故葬时以玉为含殓。出土之玉，名曰琀玉。后人以旧玉为琀玉误矣，更有以琀玉为汉玉，则尤为可笑。按出土之玉，殉葬者十之八九，非殉葬者十仅一二，故受色沁多者，皆殉葬物也。《礼》曰：君子比德于玉。又曰：君子无故，玉不去身。可见生前所佩之玉，殁后多以此殉者，如高南阜[①]以司马相如之白玉私印殉者是也。至其子孙，以其先人生前所好之物殉者，

玉璧　良渚文化
浙江省文化鉴定委员会藏

玉璧　良渚文化
上海市文化鉴定委员会藏

玉镂雕双螭龙纹谷璧　汉　　　　玉龙螭乳丁纹璧　汉
河北省文物研究所藏　　　　　　　河北省定县博物馆藏

笔不胜书，玉其犹重也，此吾国古今人民之习俗，而况古
之帝王家乎？故今日出土之金石，皆自古冢，此其证明。
吾不知楚珩^②赵璧今尚存于地下否耶？

评析：
　　本段主要介绍了古代随葬玉器的情况，并泛称为"琀玉"。

---

①高南阜：即高凤翰（1683 ～ 1749），扬州八怪之一。清代画家、书法家、
　　　　　篆刻家。又名翰，字西园，号南村。
②楚　珩：楚国的白玉，这里泛指战国美玉。

男女老幼之别

　　今见出土之玉鸠杖首，知其为老者所用，瑹觽①等佩，知其为童子所用，圭璋琮璧，知其为王公所用，鱼佩系璧，知其为士庶所用，若环佩琼瑶之类，知其为妇女所用，更有琮璧璏②等之极小者，则知其为夭寿含殓所用。此不可不辨者也。余存一白玉塾，遍体牛毛纹，其大异常，一望而知其为三代物，惜少刀工，被及门高六吉索去。

评析：

　　本段主要介绍了男女老幼不同年龄和不同性别的人佩戴玉的特征。

玉梁金筐宝钿金珠装蹀躞带 唐

①瑹觽：古代的一种锥子，用玉等制成。
②璏：首饰。

贵贱之分

古玉，以圭璧琮璜等为上，次则祭器环佩，再次则零星小件者，是三代之玲玉也。至秦汉以后，以印章符节为上，殉葬有用玉押者。玉押即玉版也，长数寸，体厚异常，以美玉为之，以围腰间，可保尸之上体，如鼻塞、眼压、乳压、压须、压脐、夹肘之类次之，下体之粪塞阴塞之类又次之也。

评析：

本段主要对古玉按照种类和功能进行贵贱之分的情况做了说明。

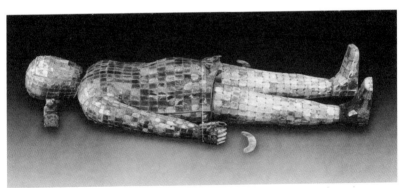

金缕玉衣　汉

珨玉之有缺痕

珨玉有一刀之缺痕，有两刀之缺痕，皆玉人用刀削之，以记其为殉葬物也。今人皆知其为三代器，而不知夏商之珨玉，皆完全无缺痕。至周时始分，日用之物，皆完整，含殓之物，故意刻之，使其缺陷，以别之耳。秦汉以后，无玉人之职，均属匠作，故无论日用与殉葬之器，皆取完整。据所见夏商之玉，与秦汉六朝之玉，未曾有一缺痕者，即此可断为周时所制也。余存有碧玉瑗一，白玉琮一，皆有一刀之缺痕，系璧一，黄玉璜一，皆有两刀之缺痕。而其拙朴之气，令人生羡。若伪造周器者，多仿其缺痕，但有意为之，刀痕明显易露，愈显其丑，此人人所易辨者也。

评析：

本段主要对随葬玉器的缺痕现象做了比较与总结。

舞人、射箭、编钟、螭虎、朱雀、蚕纹双面透雕白玉双璧
汉

辨水火干三坑

凡古代帝王之陵寝，其穴宽大，含殓之玉甚多。穴空，地中之水，易于灌入，故名曰水坑。穴中有地火者，名曰火坑。穴中无水火者，名曰干坑。水坑之玉多斑点，形如虫蛀；火坑之玉多裂纹，形同石灰；干坑之玉，皆带有枯槁之色，土锈之痕。三者盘之日久，皆可复原，但水坑不如火坑，以浊气太重之故；火坑不如干坑，以裂痕太多之故；干坑即无此弊。若论盘功，水坑较易于干坑，干坑较易于火坑，此不可不知者也。按干坑水坑，初出土时，玉质皆松，以刀试之，有直同花乳石者。俟盘出后，以刀划之，坚不可破。故琀玉之新出土者，不问其质地之硬软，但试其刀工色沁之老嫩耳。

评析：

　　本段主要介绍了水坑、火坑、干坑不同情况下墓葬玉的特征。

白玉俏色螭虎纹圆印盒　明

玉璋 商代晚期至西周早期

成都市文物考古研究所藏

玉出土之软硬

玉入土中年久，其质即软，如不软，则色不能沁。至出土后，亦有硬软之分，硬者易辨，软者形同枯骨，或如瓦砾。此皆由地气燥湿所致，见者多不能辨。每见一器，一半软一半硬，硬者以刀试之，不能入，软者以指甲划之，即碎如泥土，但盘之日久，则软者亦坚不可破，此不可不知者也。

评析：

本段主要介绍了出土玉器的软硬情况，地下埋藏的玉器虽然会硬变软，但出土后经过盘摩会重新变硬。

神徽纹玉璧　良渚文化

出土之夷玉

　　《周书·顾命》：大玉夷玉。疏引王肃云：夷玉东夷
之美玉。郑康成云：大玉，华山之球；夷玉，东北之珣玗
琪[1]。《尔雅·释地》：东方之美者，有医无闾之珣玗琪。
是夷玉见称于周久矣，今见医无闾山下所产之玉，光透如冰，
坚而不润，石性也。是以出土者，露有浮光，虽盘出而少
色泽，不足贵也。

评析：

　　本段主要对"夷玉"这一玉石的种类进行了介绍。

青玉高足杯　秦　西安博物院展藏

————————————
①珣玗琪：岫岩玉的古称。

出土之璧流离

《地理志》曰：入海市明珠璧流离[①]。《西域传》：罽宾国，出璧流离。《吴国山碑·纪符瑞》亦有璧流离。《魏略》云：大秦国，出赤白黑黄青绿缥绀红紫，十种流离。吴清卿有一玉环，形同流离。即以为今日中国所罕见，即西域亦非恒有，故汉以为祥瑞，最可宝重。不知璧流离，即宝石之似玉者，质坚而不润，性寒而不温。即受色沁，亦多凹凸不易透出。故其光虽如玻璃，而不能如玉之润泽如脂膏也。汉时由西域进来，颇非易易，故人少见多怪，即目为祥瑞。犹之今人初见钻石，目为珍奇耳。今之目为珍奇，犹古之目为祥瑞也。按璧流离，可为玉中之异品，清卿以为玉中之绝品，则大谬矣。今某友得一笛头，拘于清卿之说，奉为至宝，不肯轻以示人。余笑曰：古之君子，比德于玉；今之人竟欲比德于璧流离，能不令人捧腹？

评析：

本段主要介绍了琉璃的特性，并认为琉璃不如玉的珍贵。

---

①流离：即琉璃，宝石名。

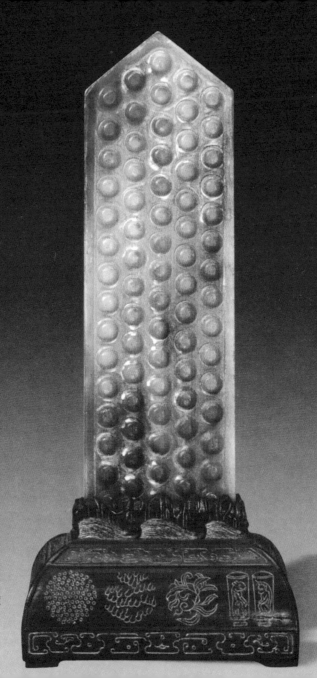

玉谷圭　清宫旧藏

古玉的工艺与功效

刀工

　　石器时代原无刀工，故古玉斧玉铲之类，存于今者，未见其有花纹者，可见上古未开化之前，无刀工之可言也。若论刀工，三代尚矣。夏尚忠，其刀工精而深；商尚质，其刀工古而朴；周尚文，其刀工文而雅。而产玉之多，制玉之盛，尤以周为最。观玉人之设，上而夏商，下而秦汉，均无此职，即可知矣。故今出土之古玉，论三代器，亦以周为最多。至西汉刀工，有豪放气，故有汉八刀之称。东汉三国同。隋唐以及五代之刀工，亦属圆浑，但杂而不纯，佳者极少。北宋之刀工，精神外露，特少古意。自宋末以及元明清，学者多刻花乳石，刻玉一门，纯属匠作，几不见文人一操刀矣。但清至乾隆刀工为之一变，当时所刻翡翠玛瑙珊瑚宝石之多，实为历代之冠。其以田黄田白鸡血红等石仿古，亦为历代所无。虽多匠作，但一时风尚，犹见文人词客游戏而为此者。故其刀法之精，直追六朝。自道光以后，则远不及矣。余按古今雕刻一门，可分为五大时期。他山之石，可以攻错。是以石制玉时期，可称最古，一变而为周之昆吾刀，再变而为汉之八刀，又一变而为六朝之巧雕，至清之乾隆精刻为最后。此皆一时风尚，故精美者多。工艺之关乎文化，岂曰小补而已哉？犹之论瓷器，则必称柴、汝、官、哥、定，论鼓铸，则必称齐莒刀、列国币、新莽、梁武、宋徽、清之咸丰是也。否则如唐之开元，宋之宣和，明之宣德，清之康熙，其刀工岂无精品，特以不能移风易俗，故传世者少耳。况近世多用旋车，气息薄弱，

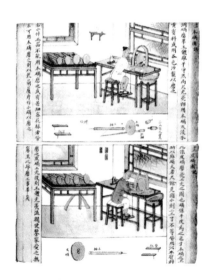 

琢玉图

不能上追古代，则又远不如用刀矣。昔人云：自魏晋以来，不见昆吾刀，诚然哉。但昆吾刀，自何时断绝，吾亦不得而知也。若就双钩碾玉法论之，汉时已取便捷，失其古趣，至今之用旋车制玉，则愈趋愈下矣。倘再用机器制作，则俗恶不堪设想，可畏也。吾尝与诸弟子论古玉曰：今之玉质，不如古玉之坚洁，想系地利之退化。今之刀工，无论单刀副刀，均不如古人刀工之朴拙，亦系文艺之退化，言之可慨。或云古玉坚洁，由于出土后风吹日晒，年愈久而愈见精彩，是以秦汉不及三代，六朝不及秦汉，唐宋元明不及六朝者，非玉之罪也。刀工亦然，今人不见昆吾刀，而以菊花铁所炼之钢刀刻玉，而欲追踪三代，颉颃秦汉，睥睨六朝，岂不愚哉？此说亦觉近理。

评析：

　　本段主要介绍了历代玉器刀工的不同风格特征，并认为今之刀工不如古之刀工。

昆吾刀①之切玉

据所见周秦汉古玉，其刀工粗细不一。细者无论矣，粗者莫如汉八刀。而表现刀之快利，切玉如泥者，实千百中不一见。旧存一白玉虎文佩，遍体水银沁，大刀阔斧，随意乱刻，凸凹浅深，刀痕全然布露，使切玉如泥之真象，显然易见，亦不易得之奇品，可珍也。

评析：

本段主要说明了切玉工具的情况，尤其是切玉如泥的昆吾刀的情况。

玉刀　商　中国科学院考古研究所藏

①昆吾刀：昆吾刀是非常有名的古代名刀，乃用昆吾石冶炼成铁制作的刀，传言刻玉须用昆吾刀。

各国玉工之比较

　　印度之石刻画像，鉴古家多称在五千年以上，独未见出土之古玉。欧美之制作钻石，非不精美，独未闻有制玉之奇技。至于洋钱之证明，双凤凤帆马剑四工双柱，以及阇婆[①]之剪银叶，骠国之铸金钱，日本德川氏之钳金鎏金，均甚工致，但亦少制玉之工。即因墀所献天寿永昌之玉钱千缗，十年始成，费工不为不久，而未见有出土之古玉，可见成周时代玉人之设，其重玉，全球之冠，故其刀工，亦远胜他国也。

评析：

　　本段中作者通过比较各国不同的石刻制币黄金等工艺，认为唯有中国制玉工艺才是冠绝全球。

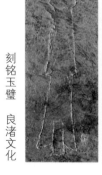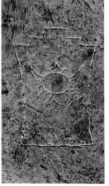

刻铭玉璧　良渚文化

①阇婆：东南亚古国名。

古玉之文字

　　夏用鸟篆①，商用虫鱼篆②，周用大篆③，皆刻阴文，露于器内。秦兼大小篆④，汉用小篆，大篆者不多见，刻多阳文，露于器外。魏晋以后，楷隶并用，篆文甚少，故不易见。

评析：

　　本段作者介绍了各个历史阶段古玉上所刻文字的不同特征。

玉刚卯、玉严卯阴篆　　明　　　　　仿制铜彝阴篆铭文　　明

---

①鸟　篆：鸟篆是篆书的一种，其笔画由鸟形替代，不仅装饰风格独特，更有
　　　　　深刻的象征意义。
②虫鱼篆：是篆体古文字，字形有如虫类身体的弯曲。
③大　篆：大篆是西周晚期普遍采用的字体。泛指秦代小篆以前的各种古文
　　　　　字。包括甲骨文、金文、籀文和春秋战国时通行于六国的文字等。
④小　篆：也叫秦篆。汉字字体之一。是在大篆（即籀文）基础上发展形成，
　　　　　较大篆简化。结构整齐，字体略长，笔画圆匀。

古玉后雕

　　庚辰冬，魏君宜之，同其友运来古玉大小三百余件，嘱余鉴别。因审视两昼夜，其中虽少精品，而佳者大可陈列，小可把玩之品，约有数十件。收藏数世，始能臻此，不易也。中有一黄玉琮，高八寸，四面阔约四寸，遍体沁作栗黄色，真三代物也。惜少刀工，而四面复刻山水，画片极工雅，知系宋元名家所刻。余为之惋惜，直以为方竹杖之不宜圆，半月池之不应凿也。旋曹君伯舫来寓，见之曰：此等后刻，非近世所造。此等山水画片，非高手不能辨。嗜古者，每以为后刻不足贵，而东西洋，则以为古玉后刻，乃双美耳。不但不以为病，且价值较未雕之古玉，则尤贵也。曹君经理古董商业有年，常与欧美人交易，故言之甚详，但余以为保存古物，应存其旧制，不宜强加雕琢，致伤原器，而减古趣，令把玩时，不惬于心。

评析：

　　本段主要介绍了古玉出土后被人加刻纹饰的现象，并认为古玉后雕不好，破坏古器。

圆雕玉虎　商

刻印

　　考之用钵①，始于周官，佩印见于六国。古钵之传于世者，金银铜已少见，而玉钵尤希。据余所见者，若鲁司寇齐都司蒸彝钵等，刀法皆古，洵不易得。到秦传国之钵，相传斯篆寿刻亦难深信，惟自汉八体书法②成立，五日摹印，以后已属专门，而刻印之风大炽。汉人制印，不独用玉，而用玉者亦极多。其刀工亦皆古雅，是以藏家皆珍之。按昆吾刀，切玉如泥，西戎利刀，割玉如割木。汉去周未远，或用此刀，亦未可知。但所刻鼻钮、龟钮、坛钮、瓦钮、龙虎钮、虬螭钮，种种无不精妙。魏晋六朝逊之，至唐宋

天子之宝　玉玺
中国故宫博物院藏

则相去远矣。自元王冕善刻花乳石，风气为之一变。故明清至今，文人均以田黄、鸡血红、芙蓉白、苹果青诸色为贵，其价值且超过玉者百倍。盖以石质松软，易于操刀，不似玉质坚硬，而难刻也。故近代之能刻玉者，则更少矣。现在出土之玉印，尤足宝贵。余存有汉张留侯私印，文曰良子房，白玉质，瓦钮，受水银沁过半；晋羊叔子印，龟钮，直同黑漆，故质不可辨。两印刀工精劲，异于寻常，故常佩之，重其人也。族弟法三，由邛王冢得一玉印，满身鱼子斑，质不能辨，持赠于余。用灰提油法制之，文曰虞年伏，斗钮，亦有古趣。又见友人廉南湖，存有清乾隆御用一田黄石印，色如脱胎古玉，三绳联环钮，长约盈尺，下垂三印，其小异常精品也。古玉印，曾未见有此式。

评析：

　　本段主要介绍了历代玉印的发展脉络，发展特征和刻印工具。

---

①铢：长针，本书指用于刻印的长针状工具。

②汉书八体：应为"秦书八体"，是指秦代通行的八种书体。汉许慎《说文解字》中叙"自尔秦书有八体：一曰大篆；二曰小篆；三曰刻符；四曰虫书；五曰摹印；六曰署书；七曰殳书；八曰隶书。"

盘玉之法

凡出土旧玉，干坑者，多土蚀；水坑者，多水锈；火坑者，多干燥。虽有最美之色沁，如无盘功，则隐而不彰，玉理含而不露之浅淡色，更不易见。况污浊之气，尤难退净，欲其变宝石色，不亦戛戛乎其难哉。

故盘玉者，当知有急盘、缓盘、意盘三法。

急盘须佩于身边，以人气养之，数月质稍硬，然后用旧布擦之。稍苏，再用新布擦之，带色之布，切不可用，以白布粗布为相宜。愈擦则玉愈热，不宜间断。若昼夜擦之，灰土浊气，燥性自然退去，受色之处自能凝结。色愈敛而愈艳，玉可复原，此急盘之法也。

缓盘须常系腰中，借人气食之，二三年色稍变，再养数年，色即鲜明，佩至十余年后，或可复原。此言秦汉之旧玉，若三代古玉，非六七十年，不易奏效。诚以玉质入土年愈久，而盘愈难。因其所受地气，深入玉骨，非常年佩之，而精光未易露出也，此缓盘之法也。

意盘之法，人多不解，必须持在手内，把玩之，珍爱之，时时摩挲。意想玉之美德，足以化我之气质，养我之性情，使我一生纯正而无私欲之蒙蔽。至诚所感，金石为开，而玉自能复原矣，此意盘之法与急盘缓盘之法不同，面壁功夫，能者鲜矣。

夫三代古玉，盘之年久，皆能脱胎。脱胎者渣泽净尽，清光大来，直同成仙脱去凡胎之意也。闻之宝石珊瑚等类，入土年久，亦多土蚀，得人气养之，亦能还原，惟蚌珠入土百年后，便成灰土。若入土年代较近之玉，其体尚坚，可用灰提法煮之，再用猪鬃刷，或麸皮袋，或棱老虎，或米粉袋等物盘之，立见功效，以其与入土年久，体松质软者，不同故也。但盘时须看火候，过与不及，均于玉有伤，不如人气养之之为愈也，癸丑出亡日京时，见中国菜馆，有蓬莱戚姓，腰系一黄玉系璧，雕以云雷纹，受红白黑三色沁，形如宝石。余欲购之，渠云是其先人戚元敬先生所遗，今十余世矣，家中所存旧物，仅余此耳。余为之惋惜者久之。

评析：

本节介绍了盘玉的三种方法：缓盘、急盘、意盘。盘摩是使古玉还原本色的方法，也是玩玉者的乐趣。

青玉人物图椭圆杯 唐

玉骑象伎乐 唐

盘玉之难易

出土古玉，以还原为贵。欲古玉还原，非盘之不为功。但盘有难易之别。易盘者，其质地轻松，故色沁虽浓厚，亦易盘出；难盘者，其质地坚洁，故色沁虽浅薄，亦难盘出。是以三代以上之玉，色沁虽薄，亦非数十年之盘功，不能生效。族弟邵臣，赠一黄玉璜，刀法深秀，水银沁，薄如蝉翼，云系燕庭公所遗，至今尚未盘出。秦汉之玉，盘须十余年；六朝之玉，色沁虽极透，但盘之二三年，即状如水晶。谚语云：旧玉盘三伏，犹胜三年余。盖以三伏炎热，金石皆能出汗，故易盘耳。若严冬盘玉，非在暖室，不易生效。凡嗜古玉者，皆欲亲自把玩，如生坑[①]而能亲手盘出者，较之熟坑[②]则犹妙。此中原理，以亲手所盘之玉，年愈久情愈深故也。

评析：

　　本段介绍了盘玉的难易程度和注意事项，盘摩历代玉器所费的时间和功夫的不同。

---

①生坑：指新出土或出土后未经盘摩的器物。
②熟坑：指未经入土或早年出土后经人工盘摩的器物。

古玉活血之经验

辛亥余在安图独立^①时，因戒烟身受左臂麻木之病，经医治年余未愈。友人云古玉能活血，佩于腰中，古玉虽多，不如佩之腕上。爰将旧存之碧玉釭圈，佩于左腕，昼夜不去。今二十余年矣，左手麻木之病全除。或云是用左手书画之力。余曰左手画画，尚有间断之时，古玉佩之二十余年如一日，其活血之力，确有经验。况左手书画仅十余年，未用左手以前而病已去矣。故深信古玉活血之有效。

评析：

本段作者介绍了用古玉来活血治病的亲身经验。

白玉剑格 汉 中国国家博物馆藏

①安图独立：作者刘大同辛亥革命在吉林安图时革命独立事。

玉钺 商 中国社会科学院考古研究所藏

玉戈 商 西安市文物保护考古所藏

古玉防险之见闻

里中有瓦匠胡姓，夏日浴于小浯河，在沙中淘出一玉铲，既无刀工，又无色沁，惟受土蚀甚深，带有栗黄色，即用作烟荷包坠石。后为赵姓筑室，正上梁时，忽而失足坠地，而毫无所伤。及视腰中坠石裂痕数处，此余之所见者。在上海澡塘塘役。见余左臂所佩，即云日前有一老叟，八十余亦在此房沐浴，出浴时晕倒于地，吾辈大惊，急扶起而老者无恙，惟左臂玉琢则粉碎矣，老者为之痛惜，云：此三代玉圈也，舍此危矣。并将碎玉数件，捡而藏之而去，此余之所闻者。至少时所闻族兄鹤峰，坠马于石崖，老仆杨桂，醉落于桥下，皆因佩有古玉，以致未受危险者也。今之乘飞机者，往往购一古玉佩之，以防险，亦心理之作用也。

评析：

本段以作者自身经历，介绍了用古玉来防险的种种见闻。

玉镂空花薰　清

玉器的分类

石器时代之玉

上古未开化以前，皆用石器。玉为石之精，故玉器尤重。今见出土之玉斧玉铲等器，粗笨异常，不事雕琢。穿孔处两面大小不同，亦不甚圆整。是为茹毛饮血之用，故敲槌斩切之痕，毕露于外，即此可知其为石器时代所遗之物也。至石器不存于世者，以石质松不坚，入于土中，受地气蒸之，则易破碎，且不能容群色之沁，故不能如玉之寿世。若秦汉以后，采药之铲，切药之刀，亦时有出土者。特以制作与上古不同，尤有带花纹者，均少古拙之气，留心察之，自不难辨。

评析：

本段介绍了出土的石器时代的玉器的情况。

三孔玉戈 齐家文化

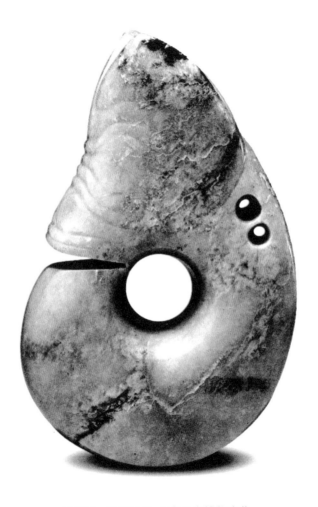

玉猪龙 红山文化 北京故宫博物院藏

祭祀所用之玉

　　《周礼·大宗伯》曰：以玉作六器，以礼天地四方。以苍璧礼天，以黄琮礼地，以青圭礼东方，以赤璋礼南方，以白琥礼西方，以玄璜礼北方。又曰：凡祀大神，享大鬼，祭大示，奉玉齍。《典瑞》曰：四圭有邸以祀天，旅上帝；两圭有邸以祀地，旅四望。裸圭①有瓒以祀先王，以旅宾客。圭璧以祀日月星辰，璋邸射②以祀山川，以造赠宾客。瑗璋璧琮，缫皆二采一就，以眺聘。驵圭、璋、璧、琮、琥、璜之渠眉③。疏：璧琮以殓尸。《礼记·明堂位》：灌用玉瓒大圭，荐用玉豆雕篹，爵用玉戋仍，加以璧散、璧角④。此皆三代时以玉为礼器者也。按三代之礼器均系出土古玉，未见有传世古者。如或见之，亦知其为后世仿古者所私造，盖传世古，魏晋六朝已不多见，有之均系古寺所藏，唐宋之物尚多。

评析：

　　本段介绍了夏商周时期祭祀所用的玉器的情况。

---

①裸圭：长度为一尺二寸的玉圭。

②邸射：古代用于祭祀山川的一种玉器名。

③渠眉：玉饰上的凸起花纹。

④璧散、璧角：古代祭祀用的玉爵和角杯。

玉璋　齐家文化

朝会所用之玉

《舜典》曰：辑五瑞[1]。又曰：班瑞于群后。
《孔氏传》：瑞为公侯伯子男之圭璧。《大
宗伯》曰：以玉作六瑞，以等邦国。犹之秦
汉以来，颁分金银铜之官印也。《典瑞》曰：
三晋大圭，缫皆五采[2]五就，以朝日，公执
桓圭，侯执信圭，伯执躬圭缫皆三采三就。
子执谷璧，男执蒲璧，缫皆二采再就。以朝
觐宗遇会同于王，诸侯相见亦如之。太宰曰：
赞玉几[3]玉爵[4]。《玉府》曰：若合诸侯则共
珠盘玉敦，此乃朝会所用之玉。出土者以带
有黑漆古、铁莲青、朱砂斑、酱紫斑、茄皮紫、
鹦鹉绿、鸡骨白等色沁为最贵。

玉圭 西周 山西省考古研究所藏

评析：
　　本段介绍了古代朝会不同等级的人所用的不同种类的礼仪玉器。

①五瑞：五瑞指古代以玉制成的礼器：璧、璜、圭、琮、璋五种瑞玉。
②五采：即五彩，指青、黄、白、赤、黑五种颜色。
③玉几：玉装饰的桌子。
④玉爵：玉制的酒杯。

服食所用之玉

古人以旒垂冕，以璪饰弁，以瑱充耳，以鸠首作杖，以鞞琫容刀，以琼琚[1]节步。《玉藻》曰：古之君子必佩玉，是以君子在车，则闻鸾和之声，行则鸣佩。此言服用之玉也。《玉府》曰：王齐则共玉食。《典礼》曰：大丧共饭玉[2]含玉。此言食用之玉也、此等古人日用之玉，出土者，每有牛毛纹，无有恐多伪造。盖因器小而易伪也。余得一白玉璪工极精美，系吴子苾所藏。一白玉琫，有瑚斑，极鲜艳，系陈寿卿所藏。物小而精，亦足贵也。

评析：

本段介绍了古人服饰食用的不同种类的玉器，这类玉器一般有牛毛纹，无则多伪造。

玉龙饰璜 战国

---

①琼琚：精美的玉佩。

②饭玉：古丧礼中用以纳于死者之口的碎玉杂米。

交际所用之玉

古以玉帛为币，用作交易，并作馈赠之品。《诗》云：投我以木桃，报之以琼琚。又云：杂佩以赠之，从可知矣。《荀子》曰：绝之人以玦[①]，召人以瑗[②]。瑗者，友好相见以瑗，援之以升阶示敬也。如瑗之类，出土者必多土蚀，而少色沁，以含殓时离人身远故也。而非殉葬而出土者，尚多见之。

评析：

本段介绍了各种古人交际所用的玉，如玉帛、玉玦等。

龙形玉玦 商

历代杂用之玉

古人征守及恤凶荒，则用珍圭；和难聘女，则用谷璧；治德结好，则用琬圭；易行除恶，则用琰圭；治兵守起军旅，则用牙璋。故五瑞之辑，玉人[①]之职，典瑞之文，《郑风》《卫风》《小雅》之诗歌，《玉藻》《明堂位》之记录，皆经史所备载，为人所共知者。自秦汉以来名称尤多，印则曰玉玺，符则曰玉符，食则曰玉羹，饮食则曰琼浆，楼则曰琼楼，池则曰瑶池，居则曰玉屋，行则曰玉册，函则曰玉函，辇则曰玉辇，笙则曰玉笙，管则曰玉管，砚则曰玉砚，杯则曰玉杯，钩则曰玉钩，瓶

剑玉饰　汉

则曰玉瓶。各种杂用，笔不胜书，况人曰玉人，人颜曰玉颜，容月玉容，骨曰玉骨，脂曰玉脂，腕曰玉腕，趾曰玉趾，儿曰玉儿，女曰玉女。古人以人比玉，抑何重耶。今人乃以金银宝石，作器代玉，其俗彻骨，真可谓黄钟毁弃，瓦釜雷鸣，谗人高张，贤士无名。言之令人浩叹，独不闻管子："玉之美也，九德出焉"②者乎？

评析：

　　本段介绍了历代以来很多玉器杂用品，表现出中国玉文化的悠久和丰富。

玉剑格　汉

---

①玉人：雕琢玉器的工人。

②玉之美也，九德出焉：玉最珍贵的地方在于它的九德，《管子·水地》中说："夫玉之所贵者，九德出焉。夫玉温润以泽，仁也；邻以理者，知也；坚而不蹙，义也；廉而不刿，行也；鲜而不垢，洁也；折而不挠，勇也；瑕适皆见，精也；茂华光泽，并通而不相陵，容也；叩之，其音清抟彻远，纯而不淆，辞也。"

石之似玉者

世之美石，酷似脱胎①古玉者甚多，如宝石蜜蜡翠石是也，即锦州石江石亦如之，惟石性坚硬脆滑，不似玉之温和润泽耳，如莱州石、岫岩石，则又质软色嫩，即青田②寿山③昌化④等石，质地鲜明，色浆宛如宝石，以之摹印则亦可，以之雕刻古玩，用手一握，毫无趣味。即世之用玉皮仿造

薄意三友图寿山田黄石印　清　上海博物馆藏

色沁者，到处皆有。若乾隆时仿古，其用白寿山作传世古，用宝石田黄蜜蜡翡翠皮子等石，作色沁复原之古玉，其制作工致，价值之昂贵，有超过古玉以上者，此所谓叶公好龙，好似龙者欤？此等石，只好陈设案头以供远观，切不可把玩，如把玩日久，则色泽变为老提油矣，此不可不辨者也。

评析：

本段列举了很多像玉的石头，认为玉比石头更珍贵得多。

---

①脱胎：玉器入土数百年后，因受到土壤中的酸碱沁蚀，或多或少发生质的变化，使玉器原来的颜色发生变化，从而出现了多种名称的沁色或钙化。这些玉器出土之后，经过人们的佩带、盘玩，逐渐会恢复与原来接近的颜色，恢复原来的温润光泽。这个过程就叫做古玉的脱胎过程。

②寿山：寿山石，福建省福州市晋安区特产，其石质晶莹、脂润、色彩斑斓，色泽浑然天成，寿山石是中华瑰宝，中国传统"四大印章石"之一。

③青田：青田石产于浙江青田县。青田石的石性石质和寿山石不大相同。青田石是青色为基色主调，是中国篆刻艺术应用最早、应用最广泛的印材之一。

④昌化：昌化石因其主要产于浙江临安昌化县而得其名。亦是我国最著名的四大系印章石之一。昌化石的颜色主要有白、黑、红、黄、灰等各种颜色，昌化石中，自古至今，自国内海外，最负盛名的便是"印石三宝"之一的"昌化鸡血石"。

古玉古铜比较

　　铜器出于湿地者，色多绿，玉器出于湿地者，色多暗。铜器出于潭水中者，多腐烂。玉器出于潭水中者，多光润。铜器以嵌金鎏金涂金为贵，玉器最忌黄金，入土时如与黄金为邻年久必受重伤，多破裂纹，色亦黯淡无光。倘金沁未深，古玉含有金片金星者，亦颇不恶，如与银铜锡铅为邻，则毫无所损。铜器易铸，故出世者多。玉器杂刻，故出世者少。铜器铸文字者多，故后人著录亦多，玉器刻文字少，故后人著录亦少，铜之色，皆由内而发于外。玉器受地气，

蟠螭环　魏晋　上海博物馆藏

其各色之沁，皆由外而纳于内。铜器忌油腻，把玩日久，须用冷水浸之，方露清光，用滚水则受伤，易于损坏。玉石亦患油腻，把玩日久，须用滚水煮之，方显色泽，是铜质不如玉质坚洁也。若新坑[①]之玉与传世古，亦忌用滚水，与出土古玉，迥不相同。况铜器不宜近身，近身则有铜臭气。玉器最宜近身，近身则生温和气，是以古今人佩玉者多，未闻有佩铜者也。

评析：

　　本段通过对玉和古铜多方面性能的比较，认为玉更适合佩戴玩赏。

玉铲　商　美国佛利尔艺术博物馆藏

①新坑：新近发掘的墓葬。

玉与玉石比较

玉性主温，翡翠宝石之性主寒，故佩玉无论冬夏皆相宜。宝玉翡翠宜于夏，不宜于冬。以冬日佩之，寒能彻骨，佩者每受其伤，而不觉也。玉之美德，温润而泽，足以和人之气血，养人之心性，是以君子无故玉不去身也。宝石翡翠，多浮光，火气未退，能悦人之目，不能悦人之心。古玉清光内蕴，有静穆之气，犹之人中之圣，内文明而外柔顺是也。较之自来旧玉，尤足养人，因其受地气之酝酿，毫无贼光躁性①故耳。脱胎旧玉，变为宝石色，但其性不能改其为玉。宝石翡翠出土后，亦有脱胎者，但其性终不能改其为翡翠为宝石。是玉之品格，超乎寻常万万矣。惜今人重宝石翡翠，而不知玉之为贵，犹之闻乐者，不知阳春白雪，曲弥高而和弥寡也。以古之所重者，今反轻之，岂今人之智，过于古人耶？吾不得而知也。

---

① 贼光躁性：新工艺品的表面刺眼的光叫"贼光"或"火光"。躁性指宝石等不够滋润的石性。

翠雕人物山水图山子　清
北京故宫博物院藏

古玉新玉比较

　　新玉之佳者，其色泽非不美观，特以刀法不古，色沁毫无，字迹花纹，亦少朴拙之气，实不如古玉之耐久咀嚼，况近代之玉质玉色，亦不及古玉之纯洁，今人多重翡翠钻石，即以玉质与色，皆不及翡翠钻石之光润坚洁故也。若经手盘出之古玉，脱胎后，形同宝石，性则良玉。令把玩者，生悠然慕古之遐想，有可意会不可言传之妙。较之新玉，其意味深长，则迥不相同，即翡翠钻石，亦远不如也，是以古玉脱胎后，乃更足宝贵耳。

评析：

　　本段通过古玉和新玉的比较，突出了古玉的珍贵性。

蝉形玲 汉 中国国家博物馆展藏

古今佩玉不同

　　古人所佩之玉，未必出土之玉，今人所佩之玉，亦未必皆出土之玉，但人人皆重古玉者，亦自有说。今之玉质，不如古玉之坚洁，今之刀法不如古玉之精深，今之文字花纹，不如古玉之朴拙古奥。况入土年久，经地气润酿，色沁百出，其逸趣横生，有令人知其然，而不知其所以然之妙，具此数端，已足见重于世，而况遐思古人，有同心乎？如高西园之于司马相如玉印，则生死相依，黄小松得一黄易古印，即用为己印，与余所佩之张留侯、羊叔子两印皆因重其人，以及古人所用之印故也。

评析：

　　本段比较了古佩玉和今佩玉，重申了古佩玉的珍贵。

青白玉谷纹剑首　汉　上海博物馆藏

今人复古之念

　　余有嗜古癖，而于古玉则尤甚。今老矣，同好者，亦有数人物。回想数十年古玉价值，未曾提高，近数年来，渐有起色，而好者日见其多，是不独余与同好者提倡之力，一由于历史之关系，古人未有不以玉为贵者，是人人皆有遗传性也；一由于神秘之信仰，近来飞机通行，乘者日众，相传古玉能护人身体，可保危险，故信仰力不少减也；一由于欧美人之争购，人人皆有保存古物之心，不愿使本国艺术开化之起点，尽散布于他国，而欲极力保持而无失也。因此古玉价值，乃与日俱增矣，在外国人好之，则谓美术之进化；在本国人好之，则谓文艺之复古。

评析：

　　本段介绍了作者当时人们对古玉的喜爱，而且当时外国人也开始喜欢古玉。

玉猪一组 汉 中国国家博物馆藏

西人之重古玉

欧美各国，皆尚艺术，故于美术、则精益求精，不遗余力。在清季时代，凡入中国者，争购唐宋画轴，渐又争购带彩之瓷器，以其与画片异曲同工也，渐则争购砖石之画像造像，渐则争购粗细花纹之三代彝器，今则渐购古玉矣。诚以中国之美术，以制玉为最古，且以刻玉为最精故也。西人进化之速，令人心折，如能研究到比德于玉程度，则更高矣。

青白玉琮　西周 中国国家博物馆藏

所可笑者，西人购古玉，重生坑，不重熟坑，未免所见者偏。彼以为生坑易于辨真赝也。生坑满身土锈，质地漏有玻璃光矣，如用羌水伪造，则质地无玻璃光矣，此西人辨古玉之惯技。熟坑，中国伪造者，多而且工，故西人不敢问津。不知近来伪造生坑者，不专施羌水，玉之原地，应留何处，则用石膏涂抹其上，再施羌水洒于他处，露土蚀痕，而玻璃光亦不能退去，宛如生坑，故西人不能辨也。要知古玉真伪，熟坑生坑，识者一望而知，不识者虽熟视若无睹耳。况夫佩戴古玉，以复原而含宝石色者为最贵，如不复原，形同顽石，把玩之毫无兴趣，是以嗜古者未有不首重熟坑者也，若古肆贩于西洋者，非真好古者，不能相提并论也。

评析：

　　本段主要讲述了清末民初以来西洋人对中国古玉的喜爱和追逐，但西洋人并不能真正认识古玉的精髓。

青玉螭虎纹龙首带钩扣　清　首都博物馆展藏

好古玉之派别

　　凡好古玉者，其学深浅程度不一，故人如有癖，有以玉质为贵者，有以玉色为贵者。有以色沁为贵者，有以花纹为贵者，有以文字之多为贵者，有以土古不带色沁为贵者，有以色沁不露质地为贵者，有以生坑为贵者，有以熟坑为贵者，有以未经盘出为贵者，有以年代久远为贵者。要之出土最美之古玉，无论何年代，如不盘出，直同顽石，佩于身边，亦无趣味。或云：佩之取其古耳。余笑曰：太湖石、翠石、莱州石、岫岩石，独不古乎。而佩之者有几人耶？即此可见古玉不能复原，则不灵；不灵，即与凡石无异，又何足取？故好虽不同，而盘出使之复原之心，则无不同也。

评析：

　　本段讲述不同类人对古玉的不同偏好。

和田青玉双龙谷纹璧　战国
美国纳尔逊艺术博物馆藏

辨古玉之特识

古玉甫经出土，一望而知其何年代之器，何色之沁，何刀之刻者尚矣，否则用灰提法，极力研究，亦可辨别。若本非旧玉，而误认为旧玉，加工盘之，终年佩之，始终不能复原，徒费工夫，毫无益处，所谓盲人骑瞎马是也。如经前人盘出之玉，而不能辨，或目为宝石，伪造者，或目为旧玉改造者，此又少见多怪之病也。其或新出土之古玉，色如酱瓜，质如土块，用指甲即能掐破，骤视其轻松而忽之，以为化乳石者，此又未经阅历之弊也。欲求真正判断力，非多见多闻，常年经验，恐难收实效。

评析：

本段介绍了辨别古玉的种种弊端，认为欲得真正判断力，非多听多看，常年积累经验不可。

方形青玉　唐　陕西历史博物馆展藏

改造之古玉

旧玉改造，时常见之，令人可恨。如古玉之大件，业经破碎，不能成器，即改作零星小件，亦似无伤风雅，若稍露斧凿之痕，或微有瑕疵，及边沿带有土吃，不甚完整者，切不可率而操刀，另行改造。如一动刀，则庐山之真面目失矣，诚以古玉之土斑色沁，出于自然，即刀法亦多古意，如改造之，必露贼光，刀痕亦新，此易辨者也。清光绪十九年，余寓燕京，有友人购一碧玉砚，满身鱼子斑，长约六寸余，阔约四寸，持以示余。骤视之，玉质颇古，池畔雕一鹤，亦颇不恶，及细审其刀痕，不甚圆浑，似新刻者，因曰：此旧玉改造也。友人颇不以为然，越数日，沽砚者来余寓，因笑而问之：某君购汝一砚，改造亦甚巧妙。渠曰：如此厚重之古玉，当用何等器物改之？余曰：用玉押耳。渠默然，少顷即曰：去年得一古玉板，上下均有伤痕，体厚重不得已，磨去以制砚耳，是非留心刀法者，不易辨也，后友人知之，拟退还。余曰：按原价归余可也。

评析：

本段主要介绍了对古玉改造的方法和态度，并认为古玉经历现代改造后，古趣无存。

青白玉松石亭纹臂搁　清　中国国家博物馆藏

钻眼之古玉

　　古玉佩，未有无孔不能系组^①者，礼器无孔，因陈列也。若古玉翁仲玉蝉等物，本非玉佩，乌能有眼？凡有眼者，皆系后人钻眼，以便佩于身边耳，否即伪造，为易售耳。此不可不之知也，余存玉蝉三枚，一无眼，二皆有眼，细审之皆后钻之眼，即此可以证明。

评析：

　　本段介绍了古玉钻孔的情况，并认为凡有眼者皆为后人钻眼。

玉戚　商　中国社会科学院考古研究所藏

————————

①组：指丝带。

玉刻诗大盘　清

古玉的伪造与禁忌

伪造古玉法

虹光草，似茜草，出西宁深山中，汗能染玉，再加脑砂少许，燃以竹枝烤之，红光自出。此法，名曰老提油，今已不多见矣。新提油法，用乌木屑煨之，色即黑，用红木屑煨之，色即红。今玉工伪造多用此法。

评析：

本段介绍了两种伪造古玉沁色的方法：老提油法和新提油法，用来给古玉染色。

青白玉兽面螭龙纹剑珌　汉　上海博物馆藏

伪造之地点

　　长安为最，杭州苏州次之，洛阳掖县潍县又次之，现在燕京亦多伪造。余见长安所造之苍玉圭、黄玉琥、白玉琴扫，宛如出土旧玉，真老提油法也，非细审不易辨。

评析：
　　本段介绍了伪造古玉最著名的几个城市，尤其是长安的伪造古玉。

青白玉螭龙纹璏　汉　上海博物馆藏

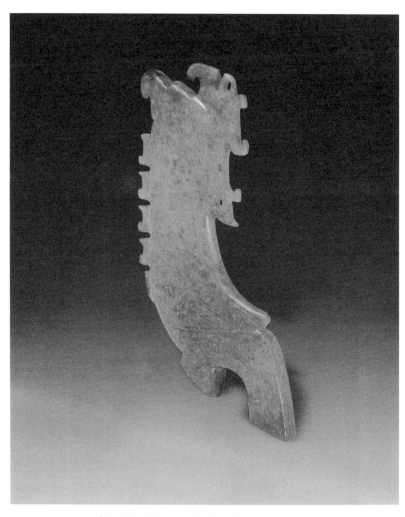

琥珀色沁 "牧侯" 铭凤佩（仿）

伪造传世古

玉器之小者，用刀割生羊腿皮，至于其中，再用红线缝之，不使出血。经三年后取出，玉带红绿，宛如旧物，但盘热时嗅之，微有腥味，此不可不辨者也。

评析：

本段介绍了通过动物染玉来伪造小件传世古玉的方法。

汉青玉卧牛（仿）

伪造土花血斑

杀一狗不使出血,乘热纳玉于腹中,缝固不使透空气,埋之通衢,三五年后取出,自有土花血斑,以伪土古。用纯黑之狗,胜于杂色之狗,但雕琢之痕,新鲜之色,未有不露骨者,此不可不辨者也。

评析:

本段介绍了通过动物染玉来伪造古玉中"土花血斑"的方法。

玉璧 战国 观复博物馆藏

伪造水坑古

质松之玉，作成古物，用重乌梅水煮一昼夜，其松处被滚水搜空，宛如水激之痕，再用提油法上色，俨然水坑古矣，但玉质大松，其水激之痕，究不如真者之出于自然，不着形迹耳。

评析：

本段介绍了伪造水坑古玉的方法。

汉白玉"宜子孙"谷纹璧（仿）

白玉水银沁松林策杖图斗式杯（仿） 明 清宫旧藏

伪造牛毛纹

玉之有牛毛纹，有受大坑水银沁，遍体牛毛纹者，以玉质坚硬，水银不易沁入使其全黑耳。有受地中水银沁，其纹不甚黑者，有带白点者，又有若传世古之纹，带有浅红色，或淡黄色若隐若现，与土古迥不相同。今之伪造者，每用浓灰水，稍加乌梅煮之竟日，乘热取出，置之风雪中一夜，使玉纹冻裂，质坚者纹细如发，再加提油上色，以伪牛毛纹。夏日放在冰箱中，使之冻裂，亦可伪造。族侄金台工篆刻，亦能用玉伪造古印，或造象含有牛毛纹者，古董商购者，颇多以伪乱真，不减长安伪造，可笑也。

评析：

本段介绍了仿造古玉中牛毛纹效果的方法。

玉牛毛纹琥珀色沁素璧　清宫旧藏

伪造受地火者

　　世之造鸡骨白象牙白者，以炭火煨之，趁灰未冷时，用水泼于其上，取出宛如古玉之受地火矣。但体有火劫纹[1]而不能去，真者无之，盖一出自然，一出强造，最易辨也。况伪造之器，全身已经火烧，玻璃光不能露出，昏顽不灵，直同朽烂之石，玉性去矣，此更易辨者也。

评析：

　　本段主要介绍了如何去伪造鸡骨白象牙白效果的古玉。

汉玉剑首　（仿）

①火劫纹：玉被火烤之后，表面出现细细的裂纹，有色沁渗入。

仿古之比较

汉玉件头器小而字最多者，以刚卯^①为最，西汉为辟邪驱瘟，每年元旦，即佩之。自新莽以卯金为刘姓，遂禁用刚卯，至东汉复旧制，而尺寸较长，至六朝则用者少矣，今见之刚卯，六朝尚多，东汉物已少见，若西汉物直同凤毛麟角，

"大清乾隆年制" 款碧玉双夔斧 清宫旧藏

不易得矣。今人多以莱州石、岫岩玉石，仿造旧玉刚卯，并有以田黄冻寿山冻仿造，其脱胎者但形似神非，不难辨也。按仿古之风，皆因宋欧阳文忠所著之《古玉图》，开其始，今见之圭璧，以及祭器等件，有以旧玉改造者，有以新玉改造者，直同西安所仿之刀布砖瓦，潍县所仿之铜鼎彝器，洛阳所仿之墓志造像，曲阜所仿之汉碑，诸城所仿之秦石，云南所仿之大爨小爨两碑，古肆中往往有之。所谓宋仿苏烧[2]，今已不多，因被外人购去故也。辨旧玉之改造，须看刀工，辨新玉之伪造，须认玉质，自迎刃而解矣。余近于沽上云山阁，得一黄玉刚卯，旧为王廉生所存，字古色纯形同宝石，尺寸大小，悉符汉制，真西汉物也。

评析：

　　本段比较分析了现代仿造品和古代实物之间的区别，并认为仿造古玉从宋代已经开始。

---

①刚　　卯：佩在身上用作避邪的饰物。长形四方体，有孔可穿绳，四面皆刻有文字，多为驱鬼等辞，首句常作"正月刚卯既央"，因称刚卯。

②宋仿苏烧：民国时期对于宋代人工染色古玉的称呼，玉质均为上好的和田玉，造型、纹饰多仿战国和汉代，做工细致精湛，磨得非常圆润，通体或局部呈现或深或浅的琥珀色沁，沁色看起来很自然、很"老"，给人感觉是很好的古玉。

阿叩伪造法

相传无锡，有叩锈之称，因阿叩善作毛坯玉器，用铁屑拌之，热醋淬之，置湿地十余日，再埋于通衢数月，然后取出，玉为铁屑所蚀，浑身橘皮纹，纹中铁锈作深红色，煮之即变黑，且有土斑，不易盘出，宛如古玉，审视之方能辨。凡玉有土锈，以灰提之而不出者，皆赝品也。

评析：

本段介绍了一个叫阿叩的伪造古玉的高手以及他的伪造方法。

青白玉矮方琮　西周
西安长安县新旺村出土

提油伪造法

用碯提为最妙，色入玉理，灰煮亦不能退，颇能乱真，但天晴时，混浊不灵，即易辨矣。玉工每以传世古或土古而无色沁者，难得善价，即用提油法上色，可获厚利。夫以伪乱真，已不足取，以真造假，徒伤旧物，品愈下矣。

评析：

本段介绍了用提油法伪造古玉色沁的方法。

仿青玉双螭耳饰杯托　清宫旧藏

玉 "大禹治水" 图　清　北京故宫博物院藏

油炸侩

伪造之法不一，有用新玉制作成器，欲红用红木，黑用乌木，酱紫用紫檀，青绿用靛，研成细末，玉置于内，以火煨之。欲留玉之本质，即用石膏粉贴于玉质之上，他处皆能上色，惟贴处则色不能侵入，质地全露，宛如出土受沁之古玉。若用油炸，皮多裂纹，似牛毛，又似水纹，但体已酥，不能久存，外露浮光，愈盘愈暗，久即成腊肉色，精光已去，有型无神，故名之为油炸侩。

评析：

本段介绍了作伪玉器的方法，尤其是热油炸新玉来作伪的概念。

仿汉代碧玉玉龙纹觥

清 北京故宫博物院藏

灰提油法

用木贼草，栗色炭灰，泡水加入银硝少许，盛于瓦罐中，将玉悬挂中间，用栗炭火煮之，水浅即添，以提出玉中水银灰土浊气为度，有铜绿金银沁者，不可用此法。宜用人乳蒸之，若未经出土之玉，不但不可用灰提，并不可用滚水煮，以其燥，伤玉质耳。

评析：

本段讲述了灰提油法的具体操作过程和步骤。

"大清乾隆仿古" 款玉璧　清宫旧藏

养损璺

璺[1]者，器破而未离也。初出土之古玉，质地未坚，倘误碰损璺，只要不落，即挂在身边，常时养之，日久自能合拢。族侄稚樵，赠一新出土之赤玉璧，把玩多日，一日放在茶几上，经仆人白玉拂尘，误触坠地，现有裂隙，旋命其系于胸前，夜即抱于怀中，年余裂纹复合，噫奇矣。余笑曰：假使缺角之秦玺，当时如此办法，亦成全璧，岂不大妙也哉。

评析：

本段介绍了用人体来养护和修护玉器小裂纹的经历，说明了玉养人和人养玉的道理。

白玉龙纹杯 南北朝
北京故宫博物馆展藏

①璺（wèn）：意为裂痕。

古玉有四异

一具天然之九色，较他物特多；二经人工之雕琢，较他物特精；三受地气之酝酿，较他物特润；四纳各色之沁入，较他物特艳。具此四异，其品格迥出寻常，乌得不贵？

评析：

本段介绍了古玉不同于他物的四大特性：具天然九色；人工雕琢更精；地气酝酿更润；色沁更艳。

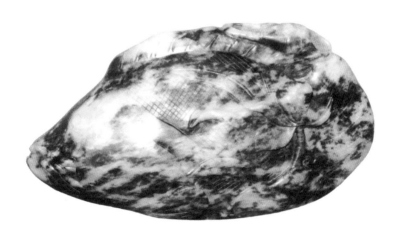

玉衔莲鳜鱼　元　北京故宫博物馆藏

古玉有三忌

　　一忌油，旧玉地涨[①]未足，常粘油腻，则清光不能透出，故佩玉者，把玩日久，恐被油沁，脑油鼻油，则尤甚。必须用滚水洗之，方能退油，盘者倘用鼻油摩擦，是爱之反不如毁之之为愈也。

　　一忌腥，玉与腥物相连，即含腥味，且伤玉质，就海滨出土之玉观之，无一完璧，即可知矣。

　　一忌污垢之气，倘有妇女污手盘弄，则土门[②]闭塞，玉理之灰土不能退出，纵加盘功亦无益也，故妇女欲盘出土旧玉，非先净手不可。

评析：

本段介绍了古玉的三大禁忌是：油腻、腥味和污垢。

莲花荷叶玉颖觅笔洗　宋

①地涨：古玉的原生皮壳叫地涨。
②土门：色沁和土蚀进入古玉的入口处叫土门。

青玉镂空夔饰圭璧　宋　辽宁省博物馆藏

古玉有四畏

　　一畏火，常与火近，色浆即退；一畏冰，常与冰近，色沁不活；一畏惊气，佩者不慎，往往坠地，如落砖石之上，重者损伤，轻者肌理含有裂纹，其微细如发，骤视之而不得见；一畏羌水，如与羌水相触，色沁之处，即暗淡无光，重则浑身麻点，虽盘之亦难生效。

评析：

　　本段介绍了古玉畏惧的四个环境是：火、冰、受惊、羌水。

璃虎、蚕纹白玉镂雕双璧　汉

戒奢

　　三代帝王，每以用玉过奢，以致亡国。就夏桀玉床，殷商玉杯，即可知矣。纣之自焚时，犹佩玉五千之多，武王得纣之宝玉万四千，佩八万，足征过奢者国必亡。余于庚子乱后，在俄使馆，见西后所用白玉浴盆，长约七尺，阔约三尺余，高约二尺六寸，厚约六寸。白玉花瓶十对，高约尺余。白玉花篮十六对，高约二尺，质地刀工，无一不精巧入妙，在英法德日使馆，见珠花翠花无算，均系白玉花盆，其余玉器尤多，笔不胜记。据外人云：均属西后御用之品。余退语人曰，西后奢华，不减桀纣，国必亡矣，诚以古之君子，必佩玉者，为比德也，非为嗜好也。吾愿嗜古玉者，常存比德之心。斯善矣，如必欲穷其所好，则又失之奢矣。当如《关雎》之诗，乐尔不淫，方为达人。

评析：

　　本段总结了中国历史上因为用玉过于奢华而亡国的事例，尤其是西太后的奢华用玉，从而得出玩玉要重"德"的结论。

白玉、松石、玛瑙组佩 战国

附 录

○ 中国古代常见玉器

○ 古代玉器常见纹饰大全

中国古代常见玉器

圭：古代帝王、诸侯朝聘、祭祀、丧葬时所用的玉制礼器，为瑞信之物。长条形，上尖下方，也作"珪"。形制大小，爵位及用途不同分别有大圭、镇圭、桓圭、信圭、躬圭、谷璧、蒲璧、裸圭等。周朝时就分六级，主席执镇圭，部长执桓圭，省长执信圭，市长执躬圭，县长执谷璧，乡长执蒲璧。

璧：是一种中央有穿孔的玉器，为我国传统的玉礼器之一，天子祭天时的用器，最出名的"和氏璧"就是这种。

玉璧 西周

瑁：古代帝王所执的玉器，用以覆诸侯的圭，覆于圭上，能契合。古代交通不变，帝王和诸侯不一定认识，有瑁、圭，可以证明身份。

琮（cóng）：外形八角，中间空为圆形，古时主要用于祭地的玉器。

玉琮 西周

白玉镶嵌金边碗 唐
中国国家博物馆藏

璲(suì)： 古代贵族佩带的一种瑞玉。

璜：半璧为璜，用于祭礼北方。多数璜只是璧的三分之一、四分之一，只有少数接近二分之一，有扇形、半环形、半月形、拱桥形等。

佩：早期一般佩都是对称双玉，呈一对。晚期非一对式渐多。

白玉鸟佩 宋 上海博物馆藏

青玉云蝠大扁珠洗　清

浙江慈溪许氏藏　浙江省博物馆展

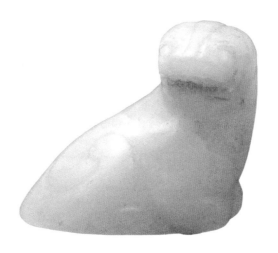

白玉辟邪　南北朝

北京故宫博物院展藏

斝：古代用于温酒的酒器，也被用作礼器，三足，一鋬（耳），两柱，圆口呈喇叭形。

璋：古代用于祭祀山川的一种玉器。军队中也使用，称牙璋，用以调遣军队。

琥：古人用于祭礼西方。猛虎象征秋天，白色象征西方。

爵：古代一种用于饮酒的容器。

瓒：古代祭祀用的一种像勺子的玉器。

玦：通"决"，一种扳转某物的工具，特指古时射箭套在右手拇指上用以钩弦的器具。

龙纹玉玦　新石器时代

玉斗：玉制的斗形酒器。

玉船：早期玉船如小舟，也是玉制的酒器，后逐渐演变成装饰品。

玉插牌：用于家居，一是美饰，二是增加空间布局，甚至是风水位置调节。

玉卮（zhī）：古代一种器皿，常用来盛酒。

环：中央有孔的圆形佩。主要佩于身上，显示身份的装饰品。

珌（bì）：古代刀鞘末端的装饰。

璂（qí）：古代帽子上的结饰。

玉玺：专指皇帝的玉印，始于秦。

玉印：玉制的印章。

玉磬：古代打击乐器。

玉箸：玉制的筷子。

玉碗：玉制的碗，可做装饰，也可实用。

玉盘：玉制的盘子，可作装饰，也可当实用。

玉轸（zhěn）：玉制的琴柱。

玉鼻烟壶：简而言之，就是盛鼻烟的容器。小可手握，便于携带。

玉勒：玉饰的马衔，古代驾驭马匹的用具，用以横勒马口，称勒，俗称马嚼子。

玉管：古代吹奏乐器。

玉梳：贵族人家梳理头发所用。

和田玉刻诗葵瓣纹碗　清

北京故宫博物院藏

豆绿色玉雕花盘　莫卧儿王朝

清宫旧藏

玉刀：玉制刀具。

玉虫（蝉）：此类各种虫类玉器众多。

玉敦：古代歃血盟誓时的器皿。

玉漏：古代计时所用的器物。

旒（liú）：冕上下垂之玉物。

玉带钩：束在腰间皮带上的钩形物，用玉制成。

玉带钩 西汉早期

碧玉龙首簪 宋 中国国家博物院藏

玉簪：古人用来绾定发髻或冠的长针，多为男子所用。

玉搔头：即玉簪，古代女子的一种首饰。

玉匣：多指葬具（棺材）之类，为吉物，通"升官发财"。

玉衣：葬具之一种。

玉壶：此玉壶有痕都斯坦风味，痕都斯坦即今印度、巴基斯坦一带。

玉笔洗：文房用具，用于洗毛笔。

玉杖：饰有玉鸠的拐杖，汉朝天子开始，赐以老人。

玉案：玉制的有足之盘。

玉鸭：为文玩类玉制品，此类文玩玉制品种无数。

玉镯：玉制首饰。

玉合卺：结婚当天夫妻二人喝酒用器。

玉扁盒：一种多放化妆品的玉器。

玉笔筒：文房用器。

玉编钟：古代乐器，打击乐器类。

玉辅首：驱邪的门饰。

玉觥(gōng)：古代的一种酒器，早期有四足，晚期圈足。

子冈牌：以明代艺人陆子冈名字命名的玉牌，最大特色是文字为阳文，之前玉上文字极少有阳刻。

镇纸：文房用器。

白玉芝角鹿形坠 金

观复博物馆藏

碧玉石藏书笔筒

清宫旧藏

白玉双龙纹镇纸 清

中国国家博物馆藏

拱璧　　　　　　　　　　　辟邪

带钩　　　　　　　　　　　辟邪

朱德润　元　《古玉图》

古代玉器常见纹饰

中国玉器上各种纹饰具有鲜明的时代特征，是鉴定玉器的重要标准之一。古玉器上的纹饰，或朴实无华，或精雕细琢，或简单几刀的简练勾划，或繁缛到无以复加。从历史的角度看，纹饰的种类和演变也是从一个方面反映了古玉器的特征。

谷纹：整齐排列的蝌蚪状纹饰，像谷牙，流行于战国秦汉。

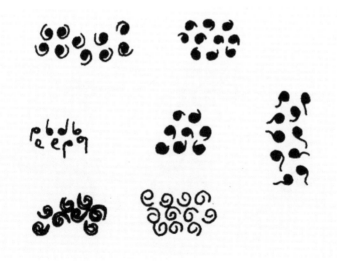

各种谷纹

蒲纹：成排密集排列的六角形格子纹饰，常见于战国秦汉时期的玉璧上。

蟠螭纹：像四脚蛇或壁虎的爬虫，梯形头、无角、四支脚、圆形长卷尾。

乳钉纹：凸起的乳突状圆钉，是最简单的纹饰之一。常见于战国秦汉。

云雷纹：连续回旋形线条构成的图案，圆形转角的称云纹，方形转角的称雷纹，在商周时期的玉器和青铜器上最为盛行。

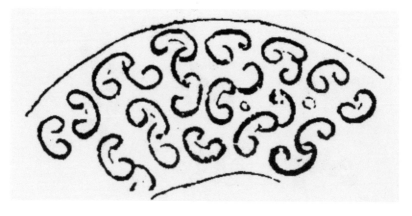

云雷纹

夔龙纹

夔龙纹：一足或两足龙形怪兽，圆眼、方嘴、方形卷尾。

虺纹：蛇状纹饰，无角、无腿。

饕餮纹：一种贪吃怪兽的头部。

几何形纹饰：由曲线或直线构成的几何形图案，如圈纹、弦纹、绹纹、波浪纹、漩涡纹、平行线纹等。

人面纹：包括人物纹饰或人首纹饰，如玉舞人、妇人、翁仲、仙女、汉人、胡人等。

剪影状动物纹饰：像什么动物就叫什么纹饰，其内往往有谷纹、云纹等纹饰，如龙纹、虎纹、凤纹、鹰纹、鸟纹等。

图书在版编目（CIP）数据

古玉辨 / 刘大同著；余光仁评注. －上海：上海
人民美术出版社，2018.8
（名家悦读本丛书）
ISBN 978-7-5586-0994-7

Ⅰ.①古… Ⅱ.①刘… ② 余… Ⅲ.①古玉器—鉴
赏—中国 Ⅳ.①K876.84

中国版本图书馆CIP数据核字(2018)第173195号

古玉辨

著　　者	刘大同	
评　　注	余光仁	
主　　编	邱孟瑜	
统　　筹	叶康宁	
策　　划	徐　亭	
责任编辑	徐　亭	
技术编辑	季　卫	
调　　图	陈粉兰	
出版发行	上海人民美术出版社	
	（上海长乐路672弄33号）	
印　　刷	上海丽佳制版印刷有限公司	
开　　本	889×1194　1/36　6印张	
版　　次	2018年9月第1版	
印　　次	2018年9月第1次	
书　　号	ISBN 978-7-5586-0994-7	
定　　价	49.00元	